Gertrud Teusen

Der Job nach dem Job

Gertrud Teusen

Der Job nach dem Job

Neue Chancen für den Ruhestand

Kreuz

Bibliografische Information der Deutschen Bibliothek
Die Deutsche Bibliothek verzeichnet diese Publikation in der Deutschen Nationalbibliografie; detaillierte bibliografische Daten sind im Internet über http://dnb.ddb.de abrufbar.

Postfach 80 06 69, 70506 Stuttgart

www.kreuzverlag.de

Umschlaggestaltung: [rincón]² medien GmbH
Umschlagbild: © George Doyle/getty images
Satz: de·te·pe, Aalen
Druck: freiburger graphische betriebe, Freiburg

ISBN 978-3-7831-3280-9

Inhalt

Vorwort

Neulich bekam ich Post von der Bundesversicherungsanstalt, »Renteninformation« lautete der Titel des Anschreibens. Wenn alles so bleibt, wie es ist, kann ich beim Rentenantritt wenigstens mit 598 Euro monatlich rechnen. Na super, dachte ich, carpe diem!, genieße den Tag!, denn das Morgen kann ich mit dieser zu erwartenden Rentenhöhe sicher nicht genießen. Na gut, versuchte ich mich zu beruhigen, ich hab ja noch zehn Jahre. Aber kann ich in dieser Zeit noch was reißen? Die Rente so steigern, dass sie wenigstens zum Überleben reicht? Wohl kaum, denn die Zeiten werden ja nicht besser – und die Lebenshaltungskosten stiegen ja schon immer schneller als die Rentenanpassung.

Ich wollte das Thema beiseiteschieben, aber es ließ mich nicht mehr los: Ich bin seither sensibilisiert für das Leben der Senioren, der ständig wachsenden Rentnergeneration. 20 Millionen Rentner gibt es hierzulande, jährlich kommen 800 000 neue Ruheständler hinzu – und laut Umfrage träumen 40 Millionen Erwerbstätige schon gelegentlich vom letzten Arbeitstag. Man hat dabei nicht erforscht, wie viele von ihnen Alpträume haben.

Gute Zeiten, schlechte Zeiten? Bislang ging es den Rentnern doch immer gut – glaubte ich. Doch bei genauerer Betrachtung stellt sich das ganz anders dar: 40 Prozent aller Rentner leben von weniger als 600 Euro im Monat, 380 000 Senioren beziehen parallel zur Rente noch soziale Unterstützung. Und 700 000 Rentner gehen arbeiten, und ihre Zahl wächst stetig, muss wachsen, denn: »Das Niveau der gesetzlichen Rente wird in den nächsten Jahrzehnten so stark absacken, dass es für ein auskömmliches Leben im Alter nicht mehr reichen wird«, so der aktuelle Rentenbericht.[1]

Längst bestehen schon die Give-aways beim Senioren-Weihnachtscafé aus einem bunten Allerlei von Verbrauchsgütern, die sich so mancher Rentner aus eigener Tasche nicht mehr leisten kann. Ein Pfund Kaffee, eine Tafel Schokolade, ein Piccolo …

Das Rentnerdasein heute lässt sich in kein Klischee mehr packen. Dies bestätigt mir ein Rundblick im Bekannten- und Freundeskreis: Elsa (64) war selbstständige Friseurmeisterin und arbeitet jetzt am Wochenende nebenbei an der Tankstelle; Vincenz (78) reist als Notarzt in die Dritte Welt; Oskar (65) hat sich gerade selbstständig gemacht, und Michael (70) arbeitet noch einen Nachmittag in der Woche in seiner alten Praxis mit und segelt ansonsten viermal (anstatt nur zweimal) im Jahr kreuz und quer durch die Ägäis – so unterschiedlich kann Zukunft sein.

Fällt Ihnen an dieser scheinbar zufälligen Auswahl etwas auf? Richtig, die einen arbeiten, um zu (über-)leben, die anderen arbeiten, weil es ihnen noch Spaß macht und damit es ihnen nicht langweilig wird. Zu welcher der beiden Gruppen werde ich wohl gehören? Und zu welcher Gruppe gehören Sie?

Weil meine medizinischen Kenntnisse mich nicht für den Notarzteinsatz qualifizieren, ich auch kein Segelboot besitze und schon seit 20 Jahren selbstständig bin, bleibt mir wohl nur der 400-Euro-Job – wobei das keineswegs abschätzig zu verstehen ist: Im Gegenteil, die vier Beispiele machen mir auch Mut, dass mit dem letzten Arbeitstag nicht automatisch auch das (Arbeits-)Leben zu Ende sein muss, nicht zu Ende sein darf, aus dem einen oder anderen Grund.

Wie man es anpackt, damit nach dem letzten Arbeitstag nicht nur gähnende Langeweile und ein leeres Portmonee auf einen warten, habe ich in diesem Buch für Sie zusammengestellt. Es geht um den »Job nach dem Job«. Den zu Ihnen passenden »beruflichen« Weg nach dem Abschied aus der Arbeitswelt zu finden und ihn tatsächlich zu gehen, dabei soll Ihnen dieses Buch helfen.

Gertrud Teusen

Einleitung

Rentner sucht neue Herausforderung …

Irgendwann ist er da, der letzte Arbeitstag, und damit verbunden die große Freiheit. Was für die einen Grund zur Freude ist, empfinden andere als puren Horror. Wer sich darauf freut, der denkt: endlich Zeit, zu tun und zu lassen, was ich will. Wer den Tag scheut, der denkt: Zu viel Zeit, mit der ich nicht weiß, was ich anfangen soll.

Also: Was wird sein, wenn das Morgen nur noch mir allein gehört? Es gibt Menschen, denen fallen als Antwort auf diese Frage, tausend Dinge ein. Eine schöne Reise machen, ein Instrument erlernen, all die Bücher lesen, für deren Lektüre man nie Zeit hatte, und, und, und …

Doch ist das wirklich die Perspektive, die man sich wünscht? Das restliche Leben als eine einzige After-Work-Party? Nun gut, man kann sich neue Herausforderungen suchen: Bergwandern im Himalaya, Surfen auf Hawaii, Tauchkurs auf den Malediven. Träume hat man viele, doch lassen die sich alle auch verwirklichen?

Die Realität sieht meistens anders aus und spielt sich im Wesentlichen zwischen Daumen und Zeigefinger ab. Statt in die Ferne zu schweifen, reicht das Rentenbudget meist nur für 14 Tage Alpenvorland, Busreise mit Rentnerrabatt. Musikalische Ambitionen lassen sich oft nur im Kirchenchor oder in einer Rentnerband verwirklichen. Und die Bücher sind – wie das Papier, auf dem sie gedruckt werden – geduldig.

Statistiken sprechen eine eindeutige Sprache: Vor allem die Anzahl der Rentner, die sich mit einem Minijob Geld hinzuverdienen, wuchs: von gut einer halben Million im Jahr 2002 auf rund 700 000, wie die Bundesagentur für Arbeit registriert hat. Auch die Zahl der sozialversicherungspflichtigen Erwerbstätigen über 65 und die der Selbstständigen legten zu. Zwar wuchs in dem Zeitraum auch die Gesamtzahl aller über 65-Jährigen, aber die Zahl der Erwerbstätigen stieg noch schneller.

Die Gründe dafür sind vielfältig. Manche Experten erklären das Phänomen mit der Finanznot der Rentner. »Das ist vor allem ein Zeichen dafür, dass die Rentner immer weniger Geld zur Verfügung haben«, sagt Ulrike Mascher, Präsidentin des Sozialverbands VdK. Das ist aber nur die eine Seite. Oft vermischen sich in einer Gesellschaft, die immer älter und gesünder wird, die finanziellen Motive mit Spaß an der Arbeit und dem Wunsch nach sozialen Kontakten. Letztlich spielt auch die Politik eine Rolle, die den Rahmen für die Arbeit im Alter setzt.

Fakt ist, dass viele arbeiten wollen: Nach einer von der »Akademiegruppe Altern in Deutschland« in Auftrag gegebenen Forsa-Umfrage wünscht sich rund ein Viertel von 1000 befragten Senioren zwischen 60 und 80 Jahren eine bezahlte Tätigkeit. 1998 hatte sich nur 1 Prozent der Befragten nach einem Job gesehnt.

Das Geld spielt dabei natürlich eine wichtige Rolle. Auch wenn sie sich selbst nicht so fühlen, gehören viele Rentner offiziell zu denjenigen, die von Altersarmut bedroht sind. Die Ausgaben für die Grundsicherung im Alter sind laut Statistischem Bundesamt kräftig angestiegen. Das liegt auch daran, dass die Kaufkraft der Rentner schwindet: Während die Renten zwischen 2004 und 2007 um 0,5 Prozent stiegen, betrug die Inflation fast 7 Prozent.

Nüchterne Zahlen und Fakten sind die eine Seite, die andere ist die, dass 30, 40 Jahre Berufstätigkeit auch Spuren in der Persönlichkeit hinterlassen. Es sind ja nicht nur Müh und Last oder das schnöde Geld, was uns treibt, sondern der Beruf bringt auch Anregung und Ansporn, Herausforderung und Erfolg. Warum sollte die Lust auf solche Erfahrungen mit dem Renteneintritt versiegen?

Und dann sind da diese schrecklichen R-Worte: Rentnerdasein, Rentenberechnung, Rentenberatung, Renteneintrittsalter und neuerdings auch Rentenlücke. Allesamt keine Begriffe, die Lust auf mehr machen, sondern von einem Hauch von Endlichkeit umgeben sind. Tatsache ist. Wer das Rentenalter erreicht hat, ist im letzten Lebensdrittel angekommen. Im Gegensatz zu den ersten beiden Dritteln gibt es jetzt keine Zwänge mehr, kein tagtägliches Muss. Im ersten Drittel muss man zur Schule gehen, muss erwachsen werden, eine Ausbildung machen, einen Beruf erlernen, für sein Auskommen sorgen. Im zweiten Drittel muss man Karriere machen, eine Familie gründen, seine Kinder großziehen – und jeden Tag arbeiten, um das alles zu finanzieren. Das geht nicht ohne Plan und ohne Ziel vor Augen, sonst tut man sich schwer mit dem Vorankommen. Hat man nun das Rentenalter erreicht, wird, wenn man sich das wirtschaftlich erlauben kann, aus der Pflicht die Kür, das Wollen bestimmt das Sollen – und damit tun sich viele Senioren erst einmal schwer. Man soll und möchte zu Beginn des Rentenalters alles Mögliche tun und kommt zu nichts. Erst wenn man einen Plan für die Zukunft hat, fühlt man sich weniger getrieben.

Ein Plan für die Zukunft muss also her, doch genau damit beginnt das Problem. Wenn die äußeren Zwänge anscheinend wegfallen, dann muss man sich selbst motivieren, etwas Neues anzufangen, zu wagen.

Beschäftigt sein – ein Leben lang

Was macht einen glücklichen Ruhestand aus? Vermögen, die richtige Rentenversicherung, Antifaltenmittel – wie es die Werbung gerne suggeriert? Offensichtlich nichts davon. Schaut man sich in der psychologischen Forschung um, so scheint das Altern keine leichte Aufgabe zu sein. Positive Emotionen lassen nach, das soziale Umfeld schrumpft, und als besonders quälend wird der subjektive Kompetenzverlust empfunden, der mit dem Gefühl, ausrangiert zu werden, einhergeht. Oft schiebt sich das körperliche Befinden bzw. das Nachlassen der Kräfte in den Vordergrund und verdeckt dabei die wertvollen Chancen, die das Älterwerden in sich birgt. Ob man den Ruhestand als Gewinn oder Verlust erlebt, hängt davon ab, welche Ressourcen ein Mensch im Laufe seines Lebens angelegt hat. Deshalb gibt es auch in puncto Lebenszufriedenheit im Alter so große Unterschiede.

Die psychologische Altersforschung hat im Wesentlichen drei Faktoren ausgemacht, die maßgeblich die Zufriedenheit im Alter bedingen: eine positive Einstellung zu sich selbst, eine bewegte Lebensgeschichte und ein intaktes soziales Netzwerk.

1. Ein positives Selbstbild ist der beste Garant für ein erfülltes letztes Lebensdrittel. Es steigert die Lebenserwartung, beugt Krankheiten vor und senkt sogar den Cholesterinspiegel. Die psychologische Forschung zeigt, dass Optimismus, Selbstwirksamkeit und Handlungskontrolle die Lebenschancen verbessern, unabhängig davon, ob es Grund für solchen Optimismus gibt oder nicht. Altersforscher Paul Baltes behauptet sogar: »Es gehört zum erfolgreichen Altern, die Realität zum eigenen Vorteil zu deuten.«[2] Ein stabiles Selbstbewusstsein ist also die beste Prävention gegen Altersdepression.
2. Auch die eigene Lebensgeschichte beeinflusst die Art und Weise, wie man alt wird. Denn wie man Probleme angeht und Erlebtes verarbeitet, sagt viel über die innere Stärke aus und verändert sich nicht, nur weil man älter wird. Vor allem Menschen, die es schaffen, Problemen aktiv zu begegnen, und dabei Ihren Lebensmut nicht verlieren, erleben den neuen Lebensabschnitt im Ruhestand als Chance und nicht als Beschränkung.
3. Ob Kinder oder gute Freunde – auch das soziale Umfeld trägt dazu bei, im Alter zufriedener zu sein. Mit jedem Menschen, auf den man sich verlassen kann, dem man sich verbunden fühlt, mit dem man reden und sich austauschen kann, wächst das subjektive Wohlbefinden. Weil das soziale Umfeld auch

Bestätigung und Rückhalt bietet, ist man oft mutiger und weniger verzagt, selbstbewusster und weniger von Zweifeln geplagt.

Einen interessanten Seitenaspekt förderte zudem eine Studie[3] zu Tage: Stress fördert die Zufriedenheit. Solange man ihn im Griff hat, ist er Motor für Innovation und Leistung, denn er suggeriert auch, dass man gebraucht wird.

Das Fazit: Wer sich früh zur Ruhe setzt, keine Bewegung und wenig Kontakte hat, wer nicht liest und keine Hobbys pflegt, wird wahrscheinlich im Alter nicht glücklich. Ein positives Selbstbild, sich gesund fühlen, eine abwechslungsreiche Biografie, Freunde, Familie und (soziales) Engagement, gewürzt mit ein bisschen Stress, ist das Geheimrezept für einen erfüllten Lebensabend. Und wo gibt es fast alle diese Zutaten? In einer sinnvollen Beschäftigung.

Mit gutem Beispiel voran

Die amerikanische Firma Vita Needle stellt am liebsten Menschen ein, die das Rentenalter längst überschritten haben. Der Familienbetrieb wurde 1932 gegründet und produziert sehr jeher Nadeln und Röhrchen, beispielsweise als Spritzen im medizinischen Bereich und für industrielle Zwecke. Die Firma ist spezialisiert auf Sonderanfertigungen in überschaubarer Stückzahl und, wie es scheint, auf ältere Mitarbeiter.

Das Durchschnittsalter der Angestellten bei Vita Needle beträgt 71 Jahre, einige sind weit älter. Die wenigsten hier sind mit dem Job gealtert. Im Gegenteil: Sie haben diesen Job erst angetreten, als sie in ihrem Ursprungsberuf pensioniert wurden. Sie waren Lehrer, Ingenieure, Designer oder Kellnerinnen. Jetzt setzen sie kleinste Metallteile im Akkord zusammen. Zersägen sie, formen sie und verschicken ihre Arbeit an Kunden im ganzen Land. Aus Altersgründen wird niemandem gekündigt, alle Mitarbeiter haben eine Jobgarantie auf Lebenszeit. Wer hier aufhört zu arbeiten, ist entweder tot oder schafft die Treppe in die Werkstatt nicht mehr.

Die meisten von ihnen sind Männer, Vita Needle ist ein technischer Betrieb, Männer fühlen sich hier wohler als Frauen. Außerdem waren die Frauen der Generation über 60 meist ihr Leben lang Hausfrauen, sie fangen im Alter nur dann an zu arbeiten, wenn sie gar keine andere Wahl haben. Wenn das Geld vorn und hinten nicht reicht, weil der Ehemann gestorben ist und niemand sonst da ist, der für sie sorgen kann.

»Unsere Arbeiter kosten weniger, sie sind an mehreren Maschinen geschult worden, sodass wir sie je nach Bedarf einsetzen können. Und sie lieben ihre Arbeit. Mit anderen Worten: Wir sind sehr produktiv!«, erklärt der Geschäftsführer. Tatsächlich steigen die Umsätze seit den 1980er Jahren stetig.

Vita Needle arbeitet ausschließlich mit Teilzeitkräften. Da für diese weniger Sozialabgaben anfallen und für Senioren keine Zuschüsse für die Krankenkasse entrichtet werden müssen, kann das Unternehmen die Lohnkosten niedrig halten. Komplizierte Arbeitsschritte, für die Laser oder andere teure Maschinen benötigt werden, sind an Partnerfirmen ausgelagert. Das Gebäude, in dem die Werkstatt untergebracht ist, gehört der Firma seit vielen Jahren, sodass außerdem keine Miete anfällt.

Die älteren Mitarbeiter sind froh um diesen Job, sie machen ihn gern, und sie machen ihn deshalb besonders gut. Aktiv um ältere Mitarbeiter werben kann Vita Needle allerdings nicht, dafür sorgen die Anti-Diskriminierungs-Gesetze in den USA. Deshalb arbeiten auch jüngere Kollegen in der Werkstatt. Aber es hat sich längst herumgesprochen, dass hier Alte eine Chance kriegen. Sogar die Fernsehsender CBS und NBC haben darüber berichtet, Vita Needle ist auch in Amerika etwas Besonderes.[4]

Sinn und Zweck von Arbeit

Wenn man auf einer Party neue Leute kennen lernt und diese bittet, etwas über sich selbst zu sagen, so wird in der Regel der Name und dann sehr bald auch der Beruf genannt. Das, was wir tun, unsere Arbeit nämlich, trägt maßgeblich zu unserer Identität, zu dem, was wir sind, bei.

Arbeit ist eine Erfindung der Zivilisation. In vielen alten Kulturen hatten die Menschen kein Wort für Arbeit, denn sie haben nicht gearbeitet im heutigen Wortsinn; sie haben vielmehr »das Notwendige« getan.

Das Notwendige ist das, was eine Not abwendet. Es war notwendig, Hütten zu bauen, Pflugscharen oder Schwerter zu schmieden, den Acker zu bestellen und zu ernten, zu kochen, eine Behausung sauber zu halten, Bekleidung zu nähen, sich in der Gemeinschaft zu beraten, zu führen, zu regieren, gelegentlich Krieg zu führen und einen Frieden auszuhandeln.

Da alle diese Tätigkeiten der Befriedigung grundlegender Bedürfnisse dienen, erscheinen sie zutiefst sinnvoll.

Im Gegensatz dazu wird es heutzutage immer schwerer, einen sinnvollen Zusammenhang herzustellen zwischen dem jeweiligen Tun, das wir »Arbeit« nennen, und einem Tun, welches »Not« heraufbeschwört, wenn wir es nicht machen.

Die Menschen, die im Schweiße ihres Angesichts ihren Acker bestellten, erlebten vermutlich Identitätskrisen seltener als wir heutzutage. Sie erfuhren mit allen Sinnen, dass ihr Tun sinnvoll war, denn wenn sie nichts taten, hatten sie nichts zu essen, kein Dach über dem Kopf, keine Kleidung und so weiter und so fort.

Wenn wir hingegen beispielsweise am Computer sitzen und elektronische Post bearbeiten, erfahren wir die Sinnhaftigkeit unseres Tuns nicht unmittelbar, sondern wir müssen uns Gedanken machen, um uns davon zu überzeugen, dass das – meist – Zweckmäßige auch Sinn macht. Zumindest solange wir dafür bezahlt werden, funktioniert das ganz gut.

Der Arbeit kommen aber noch zahlreiche weitere positive Funktionen zu:

- durch das mit Arbeit verdiente Geld können wir am gesellschaftlichen Leben teilnehmen und uns Wünsche erfüllen;
- die Arbeit vermittelt uns Erfolgserlebnisse und stärkt unser Selbstwertgefühl, wir demonstrieren in ihr Aktivität und Kompetenz;
- durch die Arbeit erhalten wir sozialen Kontakt – eine Vielzahl von Freundschaften und Ehen entstehen am Arbeitsplatz;
- Arbeit strukturiert unseren Tag, unsere Woche, unser Jahr, und das ist fast noch wichtiger als alles andere zusammen.

»Wir sind«, so der Soziologe Bernd Guggenberger, »in den letzten 200 bis 300 Jahren so gründlich durch die Schule der Arbeit gegangen, haben uns so sehr mit ihr eingelassen, dass wir kaum mehr über sie hinaus zu denken vermögen. Für die meisten von uns gilt, dass sie und ihre Hervorbringungen von unserer ganzen Existenz Besitz ergriffen haben, dass sie das Gesamt unserer Hoffnungen und Sehnsüchte umschreiben. Wir haben nur noch Augen und Ohren für die Arbeit, ihre Erfordernisse und das, was durch sie unmittelbar bewirkt und ermöglicht wird.«[5]

Und wenn das alles wegfällt, dann haben wir ein Problem.

Identitätskrise beim Rentenantritt

Eine Rentnerin beschreibt es im Gespräch mit mir so: »Zuerst ist da ein Gefühl von Befreiung, dann spürt man plötzlich die Verluste. Es ist wie in einer Liebesbeziehung, erst ist man erleichtert, und dann kommt der Katzenjammer. Aus diesem Sumpf kann man sich nur selbst befreien, indem man sich neu erfindet.« Der neu gewonnenen Freiheit und selbst bestimmten Zeit stehen zahlreiche Verluste gegenüber. Die Rentenzeit als Ruhestand zu bezeichnen ist eigentlich irreführend, denn das Einzige, was ruhig bleibt, ist der Wecker morgens um sieben.

Was man durch den Rentenantritt verloren hat, wird erst allmählich klar. Da ist zunächst einmal der Verlust von Macht. Einfluss und Macht, die sich beispielsweise aus der beruflichen Position ableiten ließen, sind mit einem Mal nichtig und unwichtig. Weil durch den Verlust des Umfelds, sich auch Macht und Einfluss relativieren.

Und wenn noch dazu konkrete Aufgaben fehlen, fühlt man sich schnell nutzlos, befürchtet gar den Verlust der Identität. Früher war man mal wer, man war Chef, Angestellter, Sekretärin oder Meister; heute ist man nur Rentner, einer von Millionen Senioren, austauschbar und gesichtslos.

Die staatlich verordnete Anhebung des Renteneintrittsalters empfinden deshalb viele Senioren gar nicht als so erschreckend. Denn arbeiten zu dürfen scheint mit zunehmendem Alter fast schon als Privileg.

Leben mit Aussicht

Die Zeiten sind noch gar nicht so lange vergangen, als Vorruhestandregelungen und Altersteilzeitmodelle hoch gehandelt wurden und manch einer froh war, so dem tagtäglichen Trott zu entfliehen. Doch die Zeiten ändern sich: Einerseits hat man gelernt, dass man auf qualifizierte Fachkräfte – gleich welchen Alters –

nicht so ohne Weiteres verzichten kann; und andererseits treibt viele »Fast«-Rentner die Sorge um, künftig mit dem Einkommen, mit der Rente, nicht auskommen zu können. Während die einen vielleicht mit dem Rentnerdasein an sich zufrieden sind und nur nach ein wenig Abwechslung und kleinem Taschengeld suchen, sehen andere durch den Eintritt in die Rente ihre Existenz bedroht, weil die Rente nicht ausreicht, um zu überleben. Sie wollen und müssen weiterarbeiten, nur wie und wo wissen sie nicht. Während sie sich noch jung und fit fühlen, halten die potenziellen Arbeitgeber sie für zu alt, um ihnen einen Neuanfang zuzutrauen.

Die üblichen Reaktionen auf diese Situation sind Selbstzweifel, Aggression und Despression. Manchmal braucht es psychologische Hilfe, um mit dem scheinbar ausweglosen Status quo zurechtzukommen. Die Schlüsselworte lauten, wie so oft im Leben, »loslassen« und »annehmen«, aber auch »in die Zukunft schauen« und »neue Wege gehen«.

Am Anfang muss eine Selbstanalyse stehen – wie in Kapitel 1 dieses Buches: Was waren Ihre Pläne für die Zeit des Ruhestands? Welche neuen Ziele könnten Sie sich vorstellen in Anbetracht der neuen Gegebenheiten? Welche Erkenntnisse, Fähigkeiten und Neigungen können Sie ins Spiel bringen, um neue Perspektiven für die Zukunft zu entwickeln?

Sinn und Zweck solcher Selbstreflexion ist es, das eigene Selbstbewusstsein zu motivieren und Kraftreserven zu mobilisieren. Manchmal hilft es, seine eigene Biografie zu schreiben, um sich einen Überblick über alle Leistungen und Fähigkeiten zu verschaffen. Kombiniert mit einen Bewerbungstraining und informiert über die speziellen Gegebenheiten für einen berufstätigen Rentner, lässt sich dann viel entspannter auf »Arbeitssuche« gehen: Darüber erfahren Sie mehr im Kapitel 2. Und wenn Sie eine Alternative zum bisher Geleisteten suchen, Ihnen der Sinn nach einem Neuanfang steht, dann ist jetzt genau der richtige Zeitpunkt dafür.

Es ist also Zeit für eine Bestandsaufnahme: Was war ich –

was/wer bin ich – was will ich werden. Die Zeiten, in denen man sich gottergeben in sein Schicksal fügte, sind vorbei bzw. noch nicht gekommen. Wer jetzt herausfindet, wo seine Stärken liegen und wie viel Zeit man investieren will, der hat das beste Rüstzeug für eine erfüllte Zukunft schon fast beieinander.

Dass es weitergehen soll, steht für viele fest, doch in welche Richtung sich die Zukunft entwickelt, das muss man noch herausfinden.

Sinnfindung im Ruhestand

Wer sich nicht eingliedern möchte in das anonyme Heer der Rentner und Rentnerinnen, der sucht sich eine möglichst sinnvolle Beschäftigung. Das hört sich zunächst ganz einfach an, doch zwischen Wunsch und Wirklichkeit klafft oft eine große Lücke. Häufig fehlt es an Mut, Energie und Ideen, um den Lebensabend zu gestalten, zu unterschiedlich sind die Vorstellungen und Voraussetzungen, zu gering scheinbar die Möglichkeiten.

Doch das ist so nicht richtig, es ist nie zu spät, seinem Leben noch mal eine neue Richtung zu geben. Denn – so fanden amerikanische Forscher heraus – alte Menschen sind oft glücklicher als junge. Der Grund dafür ist so einfach wie offensichtlich: Wer länger lebt, ist mit weniger zufrieden und braucht andere Dinge, um glücklich zu sein, als junge Menschen. Aktivität – wie auch immer sie sich gestaltet – ist der beste Garant für die Erhaltung der körperlichen Kräfte und der geistigen Leistungsfähigkeit. Am zufriedensten sind alte Menschen dann, wenn sie eine Aufgabe haben. Ob sie nun etwas bewusst für sich oder engagiert für andere Menschen tun oder ob es aus der Notwendigkeit heraus geschieht, die Rente aufstocken zu müssen, ist individuell verschieden, ebenso wie die Vorstellungen und Voraussetzungen, die jeder mitbringt. Wichtig ist allein, dass sie etwas tun.

Die vielfältigen Möglichkeiten sollen in diesem Buch aufgezeigt werden: von Teilzeitarbeit und 400-Euro-Job zwecks Auffüllung der Rentenkasse über Jobs nach dem Job, zeitlich begrenzte Unterstützung bestimmter Projekte (Senior Experten Service) und ehrenamtliches Engagement bis hin zu Start-ups mit 67.

Zahlreiche Beispiele, konkrete Übungen, kleine Tests und Übersichten mögen Ihnen helfen, die eigenen Ressourcen und Möglichkeiten herauszufiltern und einen individuellen Plan für die Zukunft zu entwickeln. Beispiele, konkrete Informationen, Adressen sowie detaillierte Auskunft über und zur Vorbereitung auf all das, was Ihnen auf dem Weg zu der neuen Tätigkeit begegnen kann, geben Mut und Sicherheit, die neuen Schritte tatsächlich auch zu gehen.

Die Rolle der Familie

Selbst wenn man für die Zeit nach dem Rentenantritt schon Pläne gemacht hat, ist in der Realität eine schnelle Anpassung an den Ruhestand meist nicht möglich. Direkt nach dem Eintritt in diese neue Lebensphase setzt oft ein »Flitterwochen«-Gefühl ein, das jedoch nur kurzfristig anhält. Das Hoch, in dem man sich freut, dass man nun endlich all die Dinge tun kann, für die man nie genug Zeit hatte, verfliegt allzu schnell. Der Ruheständler wird vom Alltag eingeholt, der so ganz anders ist als geplant. Eine wesentliche Rolle spielt in dieser Phase die Familiensituation. Die Neudefinition als nunmehr Rentner oder Rentnerin ist dringend notwendig, aber immer auch sehr schwierig. In Ermangelung von Alternativen machen sich da Ehepartner unter Umständen den Haushalt gegenseitig streitig oder stürzen sich mit voller Energie auf Kinder und Enkel. Beides gestaltet sich schwierig und führt in den meisten Fällen früher oder später zum Eklat. Bei der Planung für die Zukunft sollte man deshalb zwar das familiäre Umfeld mit einbeziehen, aber sich nicht ausschließlich darauf verlassen.

Der Faktor Zeit

Marga (69) erzählt: »In der kurzen Zeit, in der ich ohne Job zu Hause war, weil die Firma, bei der ich 18 Jahre als Näherin gearbeitet hatte, pleite ging, hatte ich viel Zeit zum Nachdenken, zu viel Zeit, um nichts zu tun. Ich saß also vorm Fernseher und wurde immer unglücklicher. Meine Kinder ergriffen schließlich die Initiative, sie forderten mich auf, mir wieder einen Job zu suchen. Das war vor sechs Jahren. Heute arbeite ich 25 Stunden in der Woche in der Telefonzentrale einer großen Firma.«

Im Ruhestand geht es darum, eingefahrene Lebensweisen zu erkennen, neue zu gestalten und vor allem den Faktor Zeit in einer nie gekannten Art und Weise neu zu definieren. Untersuchungen haben gezeigt, dass viele Senioren anfänglich nach wie vor nach »Feierabend« zum Einkaufen gehen und in der Hauptreisezeit ihren Urlaub planen, weil sie sich über die Tragweite ihrer neuen Freiheit noch nicht so recht im Klaren sind. Erst nach und nach setzt ein Umdenken ein. Wichtig ist es zu erkennen, dass man nun die Freiheit und die Zeit hat, seinen Tag nach selbst erwählten Kriterien zu gestalten. Zum ersten Mal im Leben kann man nun seine Prioritäten selbst setzen und großzügig mit dem Faktor Zeit umgehen. Neurentner müssen den eigenen Rhythmus erst finden. Alte Gewohnheiten lassen sich nicht so schnell abschütteln, selbst wenn deren Sinn durch den Rentenantritt abhandengekommen ist. Neue Wege zu finden und zu gehen braucht Zeit.

Durch all die neue Freiheit hinsichtlich der Zeiteinteilung geht allerdings oft auch die Struktur des Tages dahin. Weil diese Entwicklung als äußerst unbefriedigend und deprimierend empfunden wird, macht man sich oft schnell selbst daran, selbst gewählte Verpflichtungen anstelle der auferlegten zu stellen. Solches freiwilliges Engagement wird nicht als Belastung, sondern als Zurückgewinnen der Lebensqualität empfunden. Wichtig ist, dass dieses nicht in Stress ausartet. Jeder kennt das Phänomen, nachdem Rentner angeblich nie Zeit haben. Das ist einerseits ein Anzeichen für ein neues Selbstbewusstsein, kann aber andererseits auch ein Alarmsignal dafür sein, dass man sich von anderen zu sehr einspannen lässt. Keine Zeit zu haben wird vorübergehend als wohltuend empfunden, weil es suggeriert, dass man gebraucht wird. Die Frage ist jedoch nicht, was kann man für andere tun, sondern sie muss vielmehr lauten: Was kann man für sich selbst tun? Und das hat dann eindeutige Priorität.

Die finanzielle Realität

Die materielle Situation stellt einen entscheidenden Faktor bei der Lebensgestaltung dar. Zwar kann man sich Renten vorab berechnen lassen, doch erst wenn die Realität eintritt, kann man wirklich beurteilen, ob man mit dem Einkommen auch auskommen wird.

Zwar ist Altersarmut ein Tabuthema in unserer Gesellschaft, doch dass es sie gibt, daran zweifelt heute niemand mehr. Allein, wo sind die »armen« Rentner? Die meisten ziehen sich schamvoll zurück und versuchen die magere Rente durch drastische Sparmaßnahmen bis zum nächsten Ersten zu strecken. Manchmal aber reicht das nicht und zu dem Übermaß an Zeit kommt ein Übermaß an Sorgen. Muss man die Wohnung aufgeben? Kann man sich das Auto noch leisten? Auf welche (kostspieligen) Hobbys soll man verzichten? Wer sein Leben lang gearbeitet hat, der fühlt sich oft um die Früchte seiner Arbeit betrogen und käme zudem gar nicht auf die Idee, staatliche Unterstützung einzufordern. Wenn allerdings Angst um die finanzielle Zukunft den Alltag bestimmt, dann ist Rückzug die schlechteste aller Alternativen. Besser ist es dann, die verbleibende Energie darauf zu konzentrieren, sich einen sinnvollen und erfüllenden Zuerwerb zu verschaffen.

Umdenken – neu denken

Alt sein sollte nicht länger als Verlust der Jugend angesehen werden, sondern als Gewinn an Leben, dem es gilt, einen Sinn zu verleihen. Der Sinn des Lebens wird aber in unserer Gesellschaft fast immer mit Arbeit gleichgesetzt. So sehr sich Rentner vielleicht anfangs über die neu gewonnene Freiheit freuen, häufig geht damit eine Unterforderung einher und vor allem die Einbuße von sozialen Kontakten und Status. Das alles muss nicht zur Krise führen, wenn man dem Ganzen rechtzeitig begegnet und die Verluste adäquat ersetzt. Dem Alter einen Sinn zu geben bedeutet, die körperliche und geistige Beweglichkeit zu erhalten und die Fähigkeit soziale Kontakte zu knüpfen zu fördern – und alles zusammen auf ein neues Ziel auszurichten.

Neben Bildungsangeboten und individuellen Hobbys gibt es zahlreiche Möglichkeiten, seinen Lebensabend sinnvoll zu gestalten. Mit originellen Dienstleistungen, bei denen Erfahrungen aus dem Arbeitsleben helfen oder bei denen man ein Hobby, eine Leidenschaft zum neuen Beruf macht.

Aus unserer Gesellschaft werden die »aktiven Alten« bald nicht mehr wegzudenken sein.

Zahlreiche tatkräftige ältere Menschen haben es vorgemacht und sich erfolgreich ins Leben zurückgebeamt. *Und Sie können das auch!*

Kapitel 1

Mein neues Leben

Es gibt Wendepunkte im Leben, die völlig neue Perspektiven eröffnen. Der Rentenantritt ist ein solcher Wendepunkt. Nie zuvor waren die Facetten der Möglichkeiten so weit gespannt, nie die Wahlmöglichkeiten so mannigfaltig, nie die Entscheidung für die Zukunft so selbstbestimmt wie zu diesem Zeitpunkt. Die große Freiheit ist zum Greifen nah – und doch wissen viele Menschen zunächst einmal nicht, was sie damit anfangen sollen. Anstatt das neue Leben vorbehaltlos genießen zu können, finden sie sich in einen Vakuum wieder. Und um aus diesem herauszukommen, müssen grundlegende Fragen auf den Tisch.

Wer war ich? Wer bin ich? Wer will ich sein? Welches sind meine Stärken? Was treibt mich an? Haben Erfolg, Karriere und Familie als Motivator ausgedient? Was kann an deren Stelle treten?

All diese Fragen reduzieren sich ab einem gewissen Alter auf zwei zentrale Fragen: Was ist Ihnen wirklich wichtig? Und in der logischen Konsequenz: Was macht Sie glücklich?

Den eigenen, den höchst persönlichen Antworten auf diese beiden zentralen Fragen auf die Spur zu kommen, dabei soll Ihnen dieses Kapitel helfen. Denn es geht darum, sich der Triebfeder des eigenen Handelns zu nähern. Sich dessen bewusst zu sein ist die Voraussetzung, um mit sich und anderen in Frieden leben zu können und seine Zukunft zu gestalten.

Glück kann bedeuten, zu erkennen, was wir wirklich wollen. Die eigenen Werte zu schätzen, uns frei zu machen von den Erwartungen anderer. Jeder Mensch, so behaupten Entwicklungspsychologen, kommt mit einem persönlichen »Glücksweg« zur Welt. Im Laufe eines Lebens kommen wir jedoch immer mal wieder von unserem Kurs ab, treffen halbherzige Entscheidungen, machen Kompromisse und Zugeständnisse, fügen uns dem Willen anderer oder den Zwängen von außen.

Glück braucht Zeit. Je älter wir werden, desto mehr wissen wir über uns. Normalerweise. Manche trifft schon früher die Erkenntnis, dass sich im Leben etwas ändern muss – und sie gehen schon dann zurück auf »Los« und starten einen Neubeginn. Bei anderen dauert es etwas länger, bis sie Zeit zum Nachdenken und zur Neuorientierung finden. Der Renteneintritt ist für viele eine solche Gelegenheit.

Das Streben nach Glück (»pursuit of happiness«) ist ein Recht, das jedem amerikanischen Bürger sogar verfassungsmäßig garantiert wird. Das Streben nach einer glücklichen Zukunft ist jedem Menschen in jedem Alter erlaubt: Starten Sie Ihr neues Leben jetzt!

»Der Abschied vom Beruf war für mich wie die Trennung von einer großen Liebe – schmerzhaft.«

»Über 30 Jahre habe ich an einer Grundschule als Lehrerin gearbeitet – und zum Schluss war es doch recht mühsam. In den ersten sechs Rentenmonaten fand ich es herrlich, nicht mehr jeden Morgen in die Schule gehen zu müssen. Dann wurde ich zu einem Schulfest eingeladen. Ich habe mich richtig gefreut, dass man mich nicht vergessen hatte. Als ich dort hinkam, fühlte ich mich wie ein Kind beim ersten Schultag. Ich war richtig aufgeregt. Doch die Freude verflog ziemlich schnell und es folgte die Ernüchterung. Ich merkte plötzlich: Das Leben geht auch ohne mich weiter, alles nimmt seinen gewohnten Gang, die Schule kommt ziemlich gut ohne mich zurecht. Ich fehle nicht wirklich!

Es war eine merkwürdige Mischung aus Kränkung und Desillusionierung, die sich in mir breitmachte. Von diesem Moment an fehlten mir die Schule und meine Schüler schmerzhaft. Ich fühlte mich irgendwie betrogen, nutzlos, alleingelassen. Ist das nicht schizophren? Erst konnte ich es gar nicht erwarten – und dann benehme ich mich wie eine betrogene Geliebte?

Einige Wochen später traf ich eine alte Kollegin von mir in der Stadt und wir gingen spontan in ein Café und begannen zu reden. Sie erzählte mir, dass es bei ihr zwei Jahre gedauert hat, bis sie den Absprung aus dem Schulalltag geschafft hatte. So lange wollte ich nicht warten und habe mich gleich zu Hause hingesetzt, habe einen Plan für die Zukunft entworfen. Auf der einen Seite habe ich aufgelistet, was ich zu ›bieten‹ habe, meine Fähigkeiten, Eigenschaften, Zeitrahmen, finanzielle Absicherung. Und auf der anderen Seite standen meine Wünsche für die Zukunft, wie mehr Musik, mehr Menschen treffen, mein Wissen weitergeben. Das war der Anfang. An der Pinnwand in meiner Küche hängt jetzt ein Zettel, darauf steht in Großbuchstaben: ›ICH SCHAFF DAS!‹ – darunter habe ich mir meine Ziele notiert, die ich jetzt Stück für Stück abarbeite. Ich habe mich schon in einer Musikschule angemeldet und einen Volkshochschulkurs gebucht … Ich weiß, die Kraft zur Veränderung liegt in mir selbst – Schritt für Schritt.« Marie-Louise (65)

Übergang: Wenn die Zeit stillsteht

»Es gibt im Leben Höhen und Tiefen. Ich will nur die Höhen«, sagt die Comicfigur Lucy von den Peanuts in der ihr eigenen Unbefangenheit und spricht damit aus, was wir uns alle wünschen. Die schlechten Zeiten, auf die kann man – so glaubt man – verzichten, man will sich lieber nur die Rosinen aus dem Kuchen picken. Deshalb handeln viele Menschen die Veränderungen in ihrem Leben lieber schnell ab, damit beispielsweise der Verlust nicht allzu lange schmerzt. Dass auch der Verlust des Berufs als schmerzhaft empfunden werden kann, steht außer Zweifel, und darüber hinwegzugehen ist nicht leicht und auch nicht gesund. Nur wer der Übergangsphase zwischen alter und neuer Situation nicht ausweicht, sondern diese bewusst meistert, ist bereit für die Zukunft.

»Übergangsphasen sind Phasen der Labilität«, schreibt die Psychoanalytikerin Verena Kast. »Sie sind mit Angst, Spannung und Selbstzweifeln verbunden. Diese Selbstzweifel können so stark sein, dass sie sogar die eigene Identität völlig infrage stellen.«[6] Der Abschied aus dem Berufsleben mündet in eine solche Phase der Selbstzweifel, denn wenn man erkennt, dass es kein Zurück mehr gibt, verändert sich auch das Bild, was man bislang von sich selbst hatte. Die alte Rolle, zum Beispiel als Angestellter der Firma X, als Teil eines »Wir«, existiert nicht mehr, also: Wer bin ich dann? Die Antwort kann nicht aus dem Vergangenen abgeleitet werden – und noch nicht aus dem Zukünftigen. Deshalb fühlt man sich in diesem Übergang besonders verletzlich, oft auch mutlos und im übertragenen Sinn nackt.

Der Identitätsverlust, der dem Rentenantritt oft folgt, ist eine verwirrende, ja beängstigende Erfahrung. In dieser Situation ist es wichtig zu wissen, dass das Ganze einen Sinn hat – nämlich den, die Entwicklung hin zu einer neuen Identität möglich zu machen.

Rückzug ist jetzt eine ganz schlechte Alternative: Gönnen Sie sich besser eine Auszeit, machen Sie einen Schnitt, um danach mit neuem Mut ans Werk zu gehen. Es beginnt oft mit leichten Signalen: Eine Idee taucht auf, ein Traum beschäftigt die Gedanken, der Kommentar einen Freundes öffnet eine Tür, ein Satz, den man liest, bringt einen längst vergessenen Wunsch zum Vorschein. Veränderung beginnt *in uns*.

Wenn das »eigentliche« Leben beginnt

Älterwerden war lange Zeit ein angstbesetztes Thema. Man rechnete mit körperlichem und geistigem Verfall, fragte sich, wie man im Alter leben und wer für einen sorgen wird. Doch es besteht die Hoffnung, dass sich diese Vorstellungen ändern.

Denn: Immer mehr Menschen leben immer länger als früher – und altern auf andere Weise. Sie nutzen die gewonnenen Jahre und finden für diese Lebensphase einen ganz eigenen Sinn.

Die Aufgabe des Berufs, die allgemein mit dem gesetzlichen Rentenantritt eingeläutet wird, markiert den Übergang ins Alter formal. Manche empfinden das als Verlust, aber immer mehr Menschen sehen darin auch eine Chance: Wer alt wird, ohne sich alt zu fühlen, kann sich daranmachen sein Leben neu zu gestalten.

Zum Ideal vom jungen Alten gehört Gesundheit, geistige Beweglichkeit und die Fähigkeit, sich selbst ein befriedigendes soziales Umfeld zu schaffen – wenn das bloß so einfach wäre! Es wird ein neues Berufsbild geschaffen, das des »Lebensunternehmers«. Sinn und Zweck dieser Ich-AG ist das eigene Wohlbefinden, Gerontologen führen diese Bestrebungen unter dem Stichwort »Kompetenzaktivierung«.

Die heute Älteren haben noch jede Menge Leben vor sich: 60-jährige Frauen leben im Schnitt noch 24 Jahre, 60-jährige Männer haben durchschnittlich noch 20 Jahre vor sich. So macht der Ruhestand fast ein Drittel »erwachsener« Lebenszeit aus, wobei – rein statistisch gesehen – noch 15 gute Jahre warten, bevor sich gesundheitliche Einschränkungen bemerkbar machen.

Zeit genug, die Vorhaben anzugehen, von denen wir immer schon geträumt haben. Doch zum Rentner wird man nicht an einem Tag, oft dauert es Jahre, bis der Übergang gemeistert ist. Viele Ruheständler gehen durch eine lange Phase des Suchens, bevor sie eine befriedigende Lebensperspektive gefunden haben. Eine der wichtigsten Herausforderungen ist das sinnvolle Füllen der Freiräume. Das hört sich einfach an, ist aber schwer, denn mit dem Identitätsverlust beim Rentenantritt geraten manchmal mit dem Selbstbild die ganzen schönen Zukunftspläne mit ins Wanken.

Der anstehende Übergang erfordert eine hohe Anpassungsleistung. Entwicklungspsychologen vergleichen diese Phase mit der Pubertät. Davor war man ein Kind und danach ist man erwachsen. Jetzt geht es andersherum: Davor war man im Korsett der tagtäglichen Pflicht, jetzt sind zweckfreie Gedankenspiele wieder erlaubt.

Doch »zweckfrei« hört sich irgendwie nutzlos an – und das wollen die meisten Rentner nicht sein. Deshalb ist es so wichtig, sich der eigenen Bedürfnisse und Werte bewusst zu werden und sie in die Zukunftsplanung mit einzubeziehen. Die amerikanische Psychologin Nancy K. Schlossberg entdeckte fünf Arten, ein Leben im Ruhestand zu führen:[7]

Die **Abenteuerlustigen** sehen in der Zukunft als Rentner vor allem die Chance, neue Dinge auszuprobieren, die in ihren bisherigen Leben keine Rolle gespielt haben. Sie wenden sich dazu bezahlten oder unbezahlten Aufgaben zu, nehmen unterschiedliche Jobs an oder erlernen eine völlig neue Fertigkeit, die rein gar nichts mit ihrer ursprünglichen Qualifikation zu tun hat. Abenteuerlustige Rentner mit Hochschulabschluss erlernen ein Handwerk, Handwerker beginnen ein Studium, Vorstandsmanager ziehen sich in ein tibetisches Kloster zurück.

Das krasse Gegenteil dazu sind die **Beständigen**, die auch nach dem Rentenantritt die Bestätigung suchen und brauchen. Viele lassen den Ruhestand Ruhestand sein und machen einfach so weiter wie zuvor, mit dem Unterschied, dass sie vielleicht den zeitlichen Aufwand ihren Bedürfnissen anpassen. Manche bleiben beispielsweise in der gleichen Firma und stellen nur von Vollzeit auf Teilzeit um, andere machen sich mit ihrer beruflichen Qualifikation selbstständig oder suchen ein Ehrenamt, bei dem ihnen ihr Know-how zugutekommt.

Während die Beständigen sich in gewohntem Rahmen orientieren und an Vergangenem festhalten, machen sich die **Sucher** bewusst frei davon. Sie wollen etwas anderes machen, wissen aber noch nicht, was. Zeitweise sind alle Ruheständler Sucher, ohne damit unzufrieden zu sein. Sie fangen dieses und jenes an, lassen aber davon ab, sobald das Geschehen nicht ihren Erwartungen entspricht, nur um gleich darauf etwas anderes zu beginnen. Bei manchen Menschen dauert diese Phase lange an, was aber nichts mit Unzufriedenheit zu tun hat, sondern lediglich mit der übergroßen Neugier und der ständigen Suche nach neuen Erfahrungen.

Die **Genießer** sind offen für neue Erfahrungen, aber nicht ständig auf der Suche danach. Dass nun die Zeit zu ihrer freien Verfügung steht, empfinden sie als wohltuend. Das Festhalten an einigen alten Strukturen vermittelt dabei Sicherheit und führt dazu, dass sie ihr Leben vorbehaltlos genießen können. Nach außen wirkt es oft, als ob sie sich ohne Ziel treiben lassen, doch das täuscht, denn sie haben die Zügel ihres Lebens fest in der Hand.

Ganz im Gegensatz dazu treiben die **Zurückgezogenen** quasi haltlos durch den Tag. Sie haben in der Regel keinen Plan für die Zukunft, wissen nicht, was und wie sie es anfangen sollen, sich in der »neuen« Welt zurechtzufinden. Auch lassen sie sich schnell entmutigen und fühlen sich schon durch kleine Rückschläge in ihrer negativen Weltsicht bestärkt. Das führt zwangsweise zu verstärktem Rückzug, was wiederum die Aussichten für eine erfüllte Zukunft minimiert.

Nancy Schlossberg fand zudem heraus, dass viele ältere Menschen im dritten Lebensabschnitt mehrere der oben beschriebenen Phasen durchlaufen. So kann aus dem Zurückgezogenen mit viel Mut ein Sucher werden, aus dem Sucher ein Genießer, aus dem Genießer ein Abenteuerlustiger. Denn die Art und Weise, wie man Zukunft anpackt, verändert sich ständig, deshalb ist es Zeit für eine Zwischenbilanz.

Analyse für den Ruhestand: Selbsttest

Manchmal fällt es schwer, sein Leben systematisch zu überdenken. Manch einer möchte das vielleicht auch gar nicht. Doch selbst wenn beispielsweise gesundheitliche Einschränkungen gegeben sind, so ist doch eine Entfaltung im Alter möglich. Dann gilt es, die unter Umständen hohen Eigenanforderungen zu überdenken und durch angemessene Selbstansprüche zu ersetzen.

Der Lohn liegt in einem Einpendeln zwischen Ideal und Wirklichkeit, liegt in einer tiefen Gelassenheit und der Freude an den kleinen Erfolgen.

Viele Menschen fangen deshalb an, sich im Ruhestand mit Kunst, Kultur, Wissenschaft oder Religion zu beschäftigen. Sie suchen in der geistigen Auseinandersetzung mit neuen Themen die Antworten auf die anstehenden Fragen. Oft ergeben sich daraus auch Anknüpfungspunkte für die eigene Zukunftsplanung.

Manche Menschen allerdings brauchen solch einen »philosophischen« Überbau nicht, um auf den Punkt zu kommen. Es gibt eine große Anzahl von Bildungs- und Lernprogrammen gerade für Menschen ab 60, für die man – abgesehen vom Interesse – keine Zugangsvoraussetzungen erfüllen muss.

Wie *Sie* Ihre Zukunftsplanung am besten anpacken, verrät Ihnen der folgende Test.

Selbsttest Zukunftsplanung

Notieren Sie jeweils in der rechten Spalte, ob die Aussage stimmt (»Ja«) oder nicht auf Sie zutrifft (»Nein«).

	Aussagen	stimmt
1.	Wenn ich die Feier eines runden Geburtstags vorbereite, fange ich mindestens drei Wochen vor dem Termin mit den Vorbereitungen an.	
2.	Meist habe ich zu viel anderes zu tun, als dass ich in Ruhe ein Buch lesen könnte.	
3.	Anerkennung erhalte ich nur, wenn ich etwas Nützliches tue.	
4.	Wenn der Rasen im Garten im Sommer vertrocknet, warte ich einfach auf den nächsten Regen!	
5.	Wenn ich mir für einen bestimmten Tag etwas vorgenommen habe, erledige ich es auch – komme, was da wolle.	
6.	Arbeit und Erholung sind gleich wichtig.	
7.	An freien Tagen stelle ich fast immer fest, dass es Abend geworden ist, ohne dass ich etwas von dem erledigt habe, was ich mir vorgenommen hatte.	
8.	Ich verstehe einen Menschen gut, von dem man sagt: Sein Leben war Arbeit und Sorge um die Seinen.	
9.	Es ist rückblickend öfter vorgekommen, dass ich meine Steuererklärung erst nach Mahnung durch das Finanzamt abgegeben habe.	

10.	Für den Samstagmorgen gab es immer einen festen Arbeitsplan. Da blieb nur selten Zeit für spontane Unternehmungen.	
11.	Arbeiten, die ich nicht mag, erledige ich ziemlich rasch und belohne mich anschließend mit etwas Angenehmen.	
12.	Ein »vertrödelter« freier Tag ist für mich verlorene Zeit.	
13.	Was Pflichten sind, das bestimme ich.	
14.	Ich kann mich oft nicht aufraffen, eine nötige Arbeit zu tun.	
15.	Auch im Urlaub, den man zu Hause verbringt, muss immer Zeit für Muße sein.	
16.	Was du heute kannst besorgen, geht bestimmt auch übermorgen.	
17.	Wer Ordnung liebt, ist nur zu faul zum Suchen.	
18.	Von Schicksalsschlägen abgesehen hängt es von mir allein ab, was ich aus meinem Leben mache.	

Übertragen Sie Ihre Antworten in folgende Tabelle: Kreuzen Sie in der Zeile »Ja« an, bei welchen Aussagen Sie mit »Ja« geantwortet haben.

Aussage	1	2	3	4	5	6	7	8	9	10	11	12	13	14	15	16	17	18	Summe
Ja																			
Typ A		*	*		*			*		*		*							
Typ B				*			*		*					*		*	*		
Typ C	*					*					*		*		*			*	

Die Auswertung:
Zählen Sie aus, wie viele Zustimmungen Sie zu jedem der drei Typen notiert haben. Der Höchstwert liegt bei sechs Zustimmungen pro Typ. Sie sollten auf alle Fälle die Typisierungen mit den beiden höchsten Ergebnissen für sich in Betracht ziehen, da jeder Mensch immer unterschiedliche, zum Teil gegensätzliche Wesenszüge in sich vereint.

Typ A: Sie sind ein systematischer Planer

So waren Sie vor dem Rentenantritt:
Ihre Pflichten kennen Sie gut und Sie leben und arbeiten nach einem festen Zeitplan. Wohnung, Haus und Garten sind stets gut gepflegt – ganz gleich, wie viel Zeit das in Anspruch nimmt oder wie stressig das Berufsleben ist. Dabei kommt aber die eigentliche Freizeit, die Sie zur Verfügung haben, oft zu kurz. Für spontane Unternehmungen sind Sie nur selten zu haben, weil es Ihnen schwerfällt von der ursprünglichen Planung abzuweichen und einfach mal »fünf gerade« sein zu lassen. Wahrscheinlich haben Sie schon früh lernen müssen, dass man nur gelobt wird, wenn man sich mit etwas Nützlichem beschäftigt.

So geht es Ihnen im Ruhestand:
Als Rentnerin bzw. Rentner klagen Sie wahrscheinlich nicht über Langeweile. Im Gegenteil, Sie fragen sich manchmal sogar, wie Sie dieses Pensum parallel zum Beruf absolviert haben. Sie haben immer etwas zu tun und vergessen darüber manchmal, sich auch mal eine Auszeit zu gönnen. Planen Sie mehr Zeit für Vergnügliches ein. Versuchen Sie, sich einen Ruck zu geben, rufen Sie Freunde an und üben Sie Spontaneität. Es gibt wenig Arbeit, die man nicht auch verschieben könnte, ohne dass gleich die Welt zusammenbricht. Die Erkenntnis, dass nun im Ruhestand die Zeit Ihnen allein gehört, kommt Ihnen nur langsam. Nutzen Sie die Chancen, die sich Ihnen jetzt bieten.

Typ B: Sie sind ein Genussmensch

So waren Sie vor dem Rentenantritt:
Sie sehen die Dinge gern etwas lockerer und nehmen das Leben von der leichten Seite. Sie machen Ihren Job, aber die Freizeit gehört Ihnen allein. Pflichten empfinden Sie als belastend und Sie sind deshalb nur allzu gerne bereit, sie zu verschieben – schließlich ist morgen auch noch ein Tag. Es passiert des Öfteren, dass Ihnen so die Tage verrinnen, ohne dass Sie etwas Wesentliches erreicht haben. Manchmal sind Sie deshalb unzufrieden mit sich selbst, denn von all dem, was Sie sich vorgenommen haben, setzen Sie nur wenig in die Tat um.

So geht es Ihnen im Ruhestand:
Als Rentnerin bzw. Rentner haben Sie so viel Zeit zum Genießen, wie niemals zuvor – und das ist ganz nach Ihrem Geschmack. Allerdings laufen Sie Gefahr, dass sich bald Langeweile einstellt, weil Sie die freie Zeit nur im Gegensatz zur Verpflichtung wirklich als bereichernd empfinden konnten. Sie wollen etwas Sinnvolles tun – aber was und wie? Das Übermaß an freier Zeit kann eine lähmende Wirkung erzeugen, und das einzige Gegenmittel dagegen ist, dem Tag neue Struktur zu geben. Nehmen Sie sich jeden Tag etwas vor und erledigen Sie es auch. Wenn Sie sich damit anfangs schwertun, fertigen Sie schriftlich Pläne an, kurzfristige ebenso wie langfristige, und versuchen Sie, diese in die Tat umzusetzen. Manche Menschen finden es befriedigend, wenn sie erledigte Dinge »abhaken« können. Nehmen Sie sich vor, Freunde anzurufen und zu treffen – und tun Sie das auch!

Typ C: Sie nehmen Ihr Leben selbst in die Hand

So waren Sie vor dem Rentenantritt:
Sie sind sich selbst wichtig – und das ist gut so. Sie tun, was

getan werden muss, aber nur mit dem Ziel, sich dann angenehmeren Dingen zuwenden zu können. Feste Zeitpläne sind Ihnen ein Graus, doch Sie akzeptieren sie, solange sie notwendig und sinnvoll erscheinen. Allerdings geht Ihnen die Spontaneität über alles.

So geht es Ihnen im Ruhestand:
Als Rentnerin bzw. Rentner werden Sie das Leben gar nicht als sehr verändert empfinden: Sie sind ja bestens vorbereitet. Behalten Sie die richtige Balance zwischen Pflicht und Kür, zwischen dem, was getan werden muss, und dem, was Ihnen Freude bereitet. Sie sind der Mensch, der jeden Morgen sagen kann: Mein Tag gehört mir.

Gut zu wissen: Was treibt Sie an?

Macht, Unabhängigkeit, Neugier, Anerkennung, Ordnung, Sparen, Ehre, Idealismus, Beziehungen, Familie, Status, Rache, Romantik, Ernährung, körperliche Aktivität und Ruhe – diese 16 Lebensmotive machte der Motivationsforscher Steven Reiss aus, als er versuchte herauszufinden, was Menschen wirklich antreibt. All diese Wünsche, Ziele und Werte bestimmen unser Leben, sind der Stoff, aus dem wir gemacht sind und der unserem Leben Sinn und Bedeutung verleiht. Die Kombination dieser Motive ist bei jedem Menschen anders, einzigartig. Rein statistisch gibt es also über zwei Billionen unterschiedliche Strukturen, die einen Menschen ausmachen können.

Und was sagt uns das? Im Wesentlichen fällt auf, dass »Glück« offensichtlich keine Motivation im Leben darstellt, sondern mehr oder minder ein »Nebenprodukt« eines erfüllten Lebens ist – so Steven Reiss.[8] Der amerikanische Psychologe unterscheidet dabei noch zwischen scheinbar zufälligem »Wohlfühlglück«, das sich beispielsweise einstellt, wenn man einen schönen Abend mit guten Freunden verbringt, und dem »Werteglück«, das man verspürt, wenn man sein Leben nach den eigenen Wünschen gestaltet und es dadurch quasi »bedeutungsvoll« macht.

Und was folgt daraus? Im Wesentlichen bestätigt die Forschung von Reiss, was schon der Volksmund wusste: Jeder ist seines eigenen Glückes Schmied. In jedem Menschen steckt das Potenzial zum Glücklichsein – nur wie er das wird, das ist bei allen grundlegend unterschiedlich. Deshalb kann es auch keine allgemeingültigen Empfehlungen geben, wie man nach dem Berufsleben zu einer Sinnhaftigkeit des Lebens zurückfindet.

Mag sein, dass Reiss recht hat mit seiner Behauptung, dass es keine krankhafte Sucht nach Arbeit gibt, sondern nur das Bestreben, seiner Motivation zu folgen, die in Macht, Leistung und Status liegt. Dabei setzt jeder Mensch in der Rentenzeit andere Prioritäten: Die einen möchten weitermachen wie zuvor; die anderen möchten etwas ganz Neues anfangen. Am besten beginnt man also mit ein wenig Selbstreflexion, die sich um die Kernfragen »Was war ich – was bin ich?« drehen.

Was war ich – was bin ich?

Wie gut kennen Sie sich? Kann man sich selbst überhaupt kennen? Instinktiv gehen wir alle davon aus, dass wir selbst unser einzig wahrer Kenner sind. Schließlich weiß man doch nur ganz allein, was man wirklich denkt, fühlt und empfindet. Insofern müsste die Frage »Was war ich – was bin ich?« leicht zu beantworten sein. Ist sie aber nicht, denn es schließt sich die Frage an, wie objektiv das Selbstbild ist. Manchmal hat man einen scharfen Blick für die eigenen Schwächen und ist im Gegensatz dazu blind vor allem gegenüber den eigenen Stärken. Hilft es dann, andere Menschen zu befragen, was sie von einem halten? Oder ist das eine törichte Idee, weil die anderen ja nur das sehen können, was man selbst nach außen vorgibt zu sein?

Tröstlich ist es vielleicht, dass sich auch die Wissenschaft darauf keinen Reim machen kann, geschweige denn sich sicher wäre, ob man nun von innen oder von außen mehr über eine Person erfahren kann. Der eigenen Identität auf die Spur zu kommen ist also leidlich schwer.

Identität bedeutet »eins sein« mit sich selbst. Wer in sich selbst ruht und keine Begründungen und Erklärungen braucht für sein Dasein und sein So-Sein, wer sich selbst kennt und immer wieder neu entdeckt als wandelbares Lebewesen in einer sich veränderten Welt, der kann sich zweifellos glücklich schätzen. Möglicherweise gibt es eine gewisse Anzahl von Menschen auf der Welt, die durchgehend so eins sind mit sich und von sich sagen können: »Ich bin, der ich bin« – Punkt. Der Rest von uns braucht jedoch ein Konstrukt, um sich selbst zu definieren, und das ist sehr häufig die Arbeit oder zumindest eine sinnvolle Beschäftigung. Sie dienen uns zur Identifikation.

Sigmund Freud wurde einmal gefragt, was seiner Meinung nach ein normaler Mensch können müsse. Er hat kurz und knapp geantwortet: »Lieben und arbeiten.«[9] Beides sei – so Freud – die Grundlage für unsere Identität. Nun tat sich Freud zu seiner Zeit (um 1900) leicht mit solchen Aussagen, da man damals noch arbeitete, bis man umfiel. Es gab keine staatliche Rente und kein verordnetes Renteneintrittsalter. Heute ist das anders, und in der Regel bleibt dem Rentner noch viel Zeit für »Liebe und Arbeit« – vorausgesetzt, man hat beides.

Oberste Devise: Trauen Sie sich etwas zu!

- Erinnern Sie sich: Was waren Ihre Pläne für die Zeit des Ruhestands?
- Welche neuen Ziele könnten Sie sich vorstellen in Anbetracht der neuen Gegebenheiten?
- Welche Erkenntnisse, Fähigkeiten und Neigungen können Sie ins Spiel bringen, um neue Perspektiven für die Zukunft zu entwickeln?

Listen Sie auf, was Ihnen zu diesen Fragen einfällt. Manchmal hilft es ganz praktisch, sich hinzusetzen und seine Biografie aufzuschreiben. Im Schreiben und im Nachdenken eröffnen sich oft konkrete Ziele, werden Stärken und Schwächen deutlich, tut man sich leichter, Neigungen einzugestehen und daraus neue Ziele zu formulieren.

Stehen die Ziele einmal fest, dann genügt oft ein kleiner Schritt, um Wünsche an die Realitäten anzupassen.

Unterscheiden Sie sorgsam zwischen gestern, heute und morgen. »Gestern« ist Vergangenheit und hat keinen Einfluss auf »heute«, wenn Sie es nicht wollen. Nehmen Sie Abschied von der Vergangenheit und öffnen Sie sich für die Zukunft! Manchmal geht das nur durch einen Kontrapunkt: Beschäftigen Sie sich bewusst mit Ihren Schwächen und machen Sie daraus Stärken. Notieren Sie die negative Aussage, die Sie selbst über sich machen und formulieren Sie daneben die umgekehrte Sichtweise. Stehen Sie zu sich selbst und führen Sie sich das deutlich vor Augen – zum Beispiel so:

Das war gestern	**Das gilt heute**
Die anderen sind besser.	Ich bin die Beste/der Beste.
Warum muss ausgerechnet mir das passieren …?	Gut, dass mir das passiert ist. Was kann ich daraus lernen?
Das geht doch wieder schief …	Das probiere ich aus.
Mein … ist viel zu …	Ich bin so, wie ich bin – und das ist gut so.
Gesprächig bin ich nicht gerade.	Ich kann gut zuhören.
Namen kann ich mir nicht merken.	An Gesichter kann ich mich gut erinnern.
Ich bin doch so unsportlich.	Ich gehe gern spazieren.
Krimis gruseln mich so, dass ich mich nicht mehr allein raus traue.	Ich mag besonders gerne Komödien und Liebesfilme.
Wieder nicht alles geschafft.	Heute habe ich genug getan.
Das kann ich doch nicht.	Ich kann das.

Wenn Sie anfangen, sich intensiv mit Ihren Begabungen, Fähigkeiten und Eigenschaften zu beschäftigen, werden Sie feststellen, wie einzigartig Sie sind, wie sehr Sie gebraucht werden – auch in Zukunft.

Aber es ist wie immer im Leben: Angebot und Nachfrage bestimmen den Marktwert. Das heißt: Wenn niemand von Ihren verborgenen Stärken weiß, interessiert sich auch niemand dafür. Das müssen Sie ändern!

Wir sind, was wir über uns erzählen. Wir verarbeiten unsere Erfahrungen, indem wir sie zu Geschichten zusammenfassen. Sobald wir das Gefühl haben, jemand hört uns nur halbwegs interessiert zu, geben wir bereitwillig etwas aus unserem Leben preis. Die Summe der Geschichten, die wir erzählen, begründet unsere Identität. Deshalb setzen wir auch den Gedächtnisverlust mit dem Verlust der Persönlichkeit gleich. Oder umgekehrt: Einen Zuhörer für die eigene Geschichte zu finden stärkt das Selbstbewusstsein ungemein. Manchmal reicht es auch schon, wenn wir uns selbst diese Geschichte erzählen. Erlebtes und Erinnertes in Worte zu fassen schärft den Blick für die Einflüsse, die uns geformt haben, für Ursachen und Wirkungen und größere Zusammenhänge. Erst beim Erzählen erkennen wir, welche Erfahrungen prägend waren und wie sich das alles auf unser Selbstbild und unseren Lebensplan auswirken könnte. Eine Lebensgeschichte ist niemals wertfrei oder neutral. Sie ist immer überladen mit Wertungen, Ideologien, Konflikten – und hat oft eine »Moral«. Das macht sie zur Geschichte, und die lässt sich bearbeiten, interpretieren und auch umschreiben oder weiterentwickeln. In diesem Sinne bedeutet es: Es ist nie zu früh, an der Geschichte eines erfüllten Lebens zu arbeiten. Durch autobiografische Erzählungen werden Ereignisse zu Erfahrungen. Durch den erzählten Text betrachten wir die Vergangenheit durch eine Linse, die manche Erfahrungen hervorhebt und andere nur verschwommen als Randerscheinung zulässt.

Erzählen Sie Ihre Geschichte! Aus dem, was Sie über sich erzählen, machen sich andere ein Bild von Ihnen. Sie haben es also in der Hand, welchen Eindruck Sie auf andere Menschen machen.

Selbstbewusstsein – Schluss mit der Bescheidenheit

Eine Persönlichkeit setzt sich aus vielen Puzzleteilchen zu einem einzigartigen Gebilde zusammen. Ausstrahlung und Charakter sind von klein auf vorgegeben. Hinzu kommen Erfahrungen, die wir im Laufe des Lebens gemacht haben und die unser Selbstbewusstsein nachhaltig beeinflussen. Aus Ausstrahlung, Charakter und Lebenserfahrung bzw. dem daraus resultierenden Selbstbewusstsein setzt sich unsere Persönlichkeit zusammen. Jeden Tag wird unser Selbstbewusstsein geprüft, gerät unter Druck oder bekommt Auftrieb, verliert an Einfluss oder gewinnt Sicherheit.

Selbstbewusstsein ist etwas durchweg Positives. Die gute Eigenschaft hat allerdings manchmal einen zwiespältigen Ruf. Wer zu viel Selbstbewusstsein an den Tag legt, gilt schnell als arrogant und selbstverliebt. Andere Menschen halten sich an den Leitsatz, nach dem »Bescheidenheit eine Zier« sei. Beide Sichtweisen sind falsch.

Wer im positiven Sinn selbstbewusst ist, der versteht es, sich seine eigenen Stärken immer wieder vor Augen zu führen, ohne dadurch überheblich zu erscheinen. Diese Form der Selbstmotivation macht den Menschen unabhängig vom Lob anderer und ermöglicht ihm auch, souverän mit Kritik umzugehen, ohne dadurch Selbstvertrauen einzubüßen. Mit zunehmendem Alter wird Selbstbewusstsein immer wichtiger, weil es droht, der Bescheidenheit zum Opfer zu fallen. Das darf nicht sein, denn »Bescheidenheit ist eine Zier, doch weiter kommst du ohne ihr«.

Selbstbewusstsein – Selbstvertrauen – Selbstwertgefühl – Selbstsicherheit
Diese Begriffe scheinen alle ein und dasselbe auszudrücken. Doch bei genauer Betrachtung offenbaren sich die feinen Unterschiede:

Selbstbewusstsein beinhaltet vor allem das Denken über uns selbst. **Selbstvertrauen** und **Selbstwertgefühl** spielen auf unsere Emotionen an. **Selbstsicherheit** betont wiederum mehr unser Verhalten.

Jedes Wort gibt einen unterschiedlichen Aspekt eines Zustands wieder. Wer also selbstbewusster werden will, der sollte sowohl sein Verhalten als auch seine Denkweise und seine Gefühle überprüfen. Denn selbstbewusster zu sein bedeutet, sich selbst in seiner Ganzheit bewusst zu sein.

Können: Ihr Sprungbrett in die Zukunft

»Was man schwarz auf weiß besitzt, kann man getrost nachhause tragen« – behauptet zumindest der Volksmund. Doch wie ist das als Rentner? Kann man da noch auf sein Können zählen, oder sind Qualifikationen nicht mehr das Geld des Papiers wert, auf dem sie gedruckt wurden.

Zunächst ist die Frage zu klären, ob man in Zukunft mit seiner beruflichen Qualifikation etwas anfangen will, und, wenn ja, was. Im alten Job einfach weiterzumachen, das können und wollen die wenigsten. Deshalb gilt es erst einmal, aus der früheren Berufstätigkeit die Qualifikationen hervorzukehren, die man noch weiter einsetzen will.

Ein Beispiel: Sie waren Buchhalter oder Buchhalterin in einem Industrieunternehmen, hatten tagein, tagaus mit Zahlen zu tun. Buchhaltung ist also Ihre Qualifikation, die sie jedoch in der bisherigen Form nicht mehr einsetzen möchten. Was lässt sich aber damit anfangen? Nun, eine ganze Menge:

- Private Hilfsorganisationen und Vereine brauchen immer jemanden, der sich mit Buchführung auskennt und der sich gegen geringes Entgelt oder ehrenamtlich um die Buchhaltung kümmert.
- Ebenso geht es jungen Unternehmensgründern. Sie haben oft wenig Geld und erst recht keinen buchhalterischen Überblick. Dort könnten Sie Ihre Fachkompetenz einbringen und unter Umständen eine völlig neue Branche kennen lernen.
- Sie könnten im »Home Office«, also »von zu Hause aus« als Buchhalter für verschiedene kleine Betriebe arbeiten oder an einer Volkshochschule entsprechende Kurse geben.

Oft ergeben sich neue Perspektiven, wenn man nur ein wenig um die Ecke denkt. Generell unterscheidet man heute in der Berufswelt, zwischen »harten« Qualifikationen und »weichen« Fähigkeiten, so genannten Soft Skills. Für eine berufliche Neuorientierung kommt es für Sie als älteren Menschen auf beides an. Es lohnt sich also, genauer nachzuforschen.

»Harte« Qualifikationen sind all die Fähigkeiten, die Sie per Zeugnis oder Abschluss dokumentieren können. Notieren Sie sich, welchen Schulabschluss, welche Berufsausbildung, welche Karrierestufen Sie durchlaufen haben. In welcher Phase Ihres beruflichen Lebens waren Sie besonders glücklich und zufrieden? Überlegen Sie in einem zweiten Schritt, welche zusätzlichen Kenntnisse Sie beispielsweise im Beruf »beiläufig« erworben haben.

Beispiel 1: Lisa Müller
Lisa Müller hat lange Jahre in der Gastronomie als Köchin gearbeitet. Besonders gern kümmerte sie sich nebenbei um Blumenarrangements und festliche Tischdekorationen. Eigentlich war das nicht ihre Aufgabe, aber sie hat dem Servicepersonal immer gern über die Schulter geguckt und sich so manches abgeschaut. Auch in der Freizeit entwickelte sich die Botanik zu ihrem Steckenpferd. Nachdem Lisa Müller in Rente gegangen ist, arbeitet sie auf 400-Euro-Basis als Aushilfe in einem Blumengeschäft. Stundenweise hilft sie noch bei einem Partyservice aus.

Beispiel 2: Martin Meier
Martin Meier war technischer Zeichner in einem großen Architekturbüro. Als dort zunehmend Computer zum Einsatz kamen, stürzte er sich voller Begeisterung auf die neue Technik und nahm an jeder Weiterbildung teil, die ihm genehmigt wurde. In den letzten Jahren war es dann so, dass stets er gerufen wurde, wenn irgendwo im Büro ein Computerproblem auftauchte. Er kennt sich also nicht nur mit technischen Zeichnungen, sondern auch mit allen möglichen Computerprogrammen bestens aus.

Nach der Pensionierung machte sich Martin Meier als »PC-Doktor« mit einem Reparaturservice selbstständig.

Nun fragen Sie sich vielleicht (und das zu recht), was Ihr Schulabschluss und Ihre Ausbildung von anno dazumal heute noch wert sind? Allein sicher nicht viel, und auf einem Arbeitsmarkt, auf dem Sie gegen gut ausgebildete, junge Fachkräfte konkurrieren, können Sie sich damit nur hintanstellen – mögen Sie denken. Aber: Alter allein ist kein Maßstab, und mancher junge Mensch ist schon mit 35 Jahren uralt. Tatsache ist auch, dass es viele Branchen gibt, die händeringend qualifiziertes Fachpersonal suchen – und das dürfen gerne auch ältere Menschen sein, weil es an Nachwuchs fehlt.

Jedoch allein per Qualifikationsvorsprung in den Wettlauf um einen Job zu starten ordnet dem älteren Bewerber tatsächlich automatisch schlechtere Karten zu. Es sind also die »Soft Skills«, die den Ausschlag geben können.

»Soft Skills« sind all jene Fähigkeiten, die sich auf den ersten Blick nur schlecht vermarkten lassen, aber doch viel über Neigungen und Eignungen aussagen. Teamfähigkeit, Durchsetzungsvermögen, Organisationstalent, soziale Kompetenz – all das ist auf den ersten Blick nichts, was man per Ausbildungsnachweis belegen kann.

Jedoch diese besonders wichtigen Fähigkeiten herauszustellen ist für die neuerliche »Karriereplanung« extrem wichtig. Dafür können Sie beispielsweise eine solche Auflistung erstellen:

Neigung, Hobbys, Freizeitbeschäftigungen	**Hinweis auf …**
Sammeln	Gründlichkeit, Genauigkeit
Individuelle Planung von Urlaubsreisen	Organisationstalent
Ehrenamtliche Tätigkeit	Soziale Kompetenz, Teamfähigkeit
Einzelsportart (z. B. Bergsteigen)	Disziplin, Kampfgeist, Durchhaltevermögen, Konzentrationsfähigkeit
Mannschaftssportart (z. B. Volleyball)	Teamfähigkeit, Disziplin, Durchsetzungskraft
Basteln und Handarbeiten (z. B. Stricken)	Geduld, Geschicklichkeit, Kreativität

Neigung, Hobbys, Freizeitbeschäftigungen	Hinweis auf ...
Rätsel lösen, Denksport-aufgaben, Sudoku etc.	Logisches Denken, Geduld, Hartnäckigkeit
Vorstandschaft eines Vereins u. Ä.	Führungsqualitäten, Verantwortungsbewusstsein
Großer Freundes- und Bekanntenkreis	Kommunikationsfähigkeit, Einfühlungsvermögen

Sich seiner Stärken bewusst zu werden ist oft schwieriger als gedacht, denn jeder Mensch kennt seine Schwächen, kaum einer geht ebenso offensiv mit seinen Stärken um. Oft ist es deshalb schwierig, ganz allein auf solche Verknüpfungen zu kommen. Dann hilft es, auch andere zu fragen und um ihre Einschätzung zu bitten. Fragen Sie Ihre Freunde, Bekannten und Familienmitglieder, welche Begabungen, Kenntnisse, Fähigkeiten und Anlagen sie besonders bei Ihnen sehen!

Beispiel 3: Christa Bauer

Christa Bauer ist unsicher und spricht deshalb mit ihrem Bruder über ihre besonderen Fähigkeiten. Der sagt spontan: »Du bist ein Multitalent: kannst gut zuhören, bist mitfühlend und kannst gut improvisieren. Außerdem bist du sehr diplomatisch und hast immer die Ruhe weg, auch wenn um dich herum das Chaos tobt.« Christa ist überrascht und fragt nach, worauf sich diese Erkenntnisse stützen. Der Bruder erinnert sie an ihre Zeit beim Laientheater, wo sie in ihren besten Zeiten drei Jobs pro Aufführung gleichzeitig bewältigt hat: Maske, Garderobe und Souffleuse. Zwischen all den von Lampenfieber geplagten Darstellern war sie immer der ruhende Pol und hatte stets ein offenes Ohr für alle. Kurzfristige Pannen hatte sie mit Einfallsreichtum und Witz ausgebügelt. Sie war eloquent im Umgang mit wichtigen Gästen und diplomatisch im Vermitteln von Kritik. So viele Stärken wären Christa allein nie eingefallen – und die Erinnerung an das Laientheater bringt sie auf ganz neue Berufsideen.

Tatsache ist: Jede berufliche Erfahrung, jedes Können, jede Begabung ist etwas wert, ebenso wie charakterliche Stärken und Eigenheiten – es gilt nur, einen neuen Abnehmer dafür zu finden.

Ältere Arbeitnehmer können auf ein bereits erfülltes Berufsleben zurückblicken, in dem sie sicher das eine oder andere unter Beweis stellen konnten. Was Sie als Rentner noch in die Waagschale werfen können sind zudem:

- Erfahrung,
- Stabilität und
- zeitliche Flexibilität.

Sie haben als Rentner allen Grund, souverän und selbstbewusst aufzutreten. Was Sie jetzt (noch) anpacken, das machen Sie mit Herz und Verstand – und im vollen Bewusstsein, dass es eine Alternative gibt. Eine Alternative, die – zugegeben – Ihnen nicht ausreicht, um glücklich und zufrieden zu sein, aber das muss man ja nicht so offensichtlich zu Markte tragen.

Selbsttest: Das sind meine Stärken

»Wünsche sind die Vorboten unserer Fähigkeiten«, schrieb Goethe. Vielleicht haben Sie sich ja beruflich alle Wünsche erfüllt und suchen jetzt eine andere Möglichkeit, dem Leben Sinn und Ihrer Kasse eine Finanzspritze zu geben. Spüren Sie Ihren Wünschen nach, denn sie weisen auf verborgene Fähigkeiten und unentdecktes Potenzial hin. Machen Sie dafür den folgenden Test:

Sie haben immer die Wahl zwischen zwei Tätigkeiten, die in einer Zeile aufgeführt sind. Entscheiden Sie sich für eine und kreuzen Sie diese an.

Beispiel: einen Party ausrichten oder ein Computerspiel installieren. Überlegen Sie, was Sie am liebsten machen würden, unabhängig davon, ob Sie beispielsweise einen Computer besitzen oder nicht. Es handelt sich um ein reines Gedankenspiel. Manchmal gibt es zwei Varianten – wenn eine Beschäftigung typisch weiblich (z.B. Stricken) oder sehr männlich (z.B. Fahrrad reparieren) geprägt ist. Wenn Ihnen beide Optionen nicht gefallen, wählen Sie das »kleinere Übel«. Wenn Ihnen beide Optionen zusagen, treffen Sie dennoch die Wahl, was Ihnen besser gefällt. Jede Option hat bei diesem Test ohnehin zwei Chancen, so entgeht Ihnen keine.

Treffen Sie jetzt – bevor Sie weiterlesen – Ihre Wahl:

● Eine Party ausrichten	■ Computerspiele installieren
■ Computerspiele installieren	▲ Garten anlegen und pflegen
▲ Garten anlegen und pflegen	◆ Ein Kassenbuch führen
◆ Ein Kassenbuch führen	● Süchtige beraten
● Süchtige beraten	■ Schach spielen
■ Schach spielen	▲ Ein Bild malen
▲ Ein Bild malen	◆ Eine Statistik erstellen
◆ Eine Statistik erstellen	■ Eine alte Uhr reparieren
■ Eine alte Uhr reparieren	▲ Geschenke schön verpacken
▲ Geschenke schön verpacken	◆ Aktienkurse verfolgen
◆ Aktienkurse verfolgen	● Einer alten Dame vorlesen

● Einer alten Dame vorlesen	▲ Eine Tonvase modellieren
▲ Eine Tonvase modellieren	◆ Für die Kirche Spenden sammeln
◆ Für die Kirche Spenden sammeln	■ Einen Videofilm drehen
■ Einen Videofilm drehen	● Ein Lied singen
● Ein Lied singen	◆ Etwas auf dem Flohmarkt verkaufen
◆ Etwas auf dem Flohmarkt verkaufen	● In einem Fitnessstudio trainieren
● In einem Fitnessstudio trainieren	■ Ein Fahrrad reparieren/ Den neuen Fernseher programmieren
■ Den neuen Fernseher programmieren	▲ Ein Kochrezept erfinden
▲ Ein Kochrezept erfinden	■ Den Segelschein machen
■ Den Segelschein machen	▲ Einen Pullover stricken/ Ein Schiffsmodell zusammenbauen
▲ Einen Pullover stricken/ Ein Schiffsmodell zusammenbauen	◆ Einen Geschäftsbrief schreiben
◆ Einen Geschäftsbrief schreiben	● Gegen Tierversuche demonstrieren
● Gegen Tierversuche demonstrieren	▲ Ein Kleid nähen/Eine Modelleisenbahn aufbauen
▲ Ein Kleid nähen/Eine Modelleisenbahn aufbauen	◆ Ein altes Auto verkaufen

◆ Ein altes Auto verkaufen	■ Bei der Vertonung eines Films zuschauen
■ Bei der Vertonung eines Films zuschauen	● Eine Jugendgruppe betreuen
● Eine Jugendgruppe betreuen	◆ Einen Seniorenausflug organisieren
◆ Einen Seniorenausflug organisieren	■ Einen chemischen Versuch machen
■ Einen chemischen Versuch machen	▲ Den Weihnachtsbaum schmücken
▲ Den Weihnachtsbaum schmücken	◆ Den Wirtschaftsteil der Zeitung lesen
◆ Den Wirtschaftsteil der Zeitung lesen	● Umsonst in einem Krankenhaus helfen
● Umsonst in einem Krankenhaus helfen	▲ Ein Vogelhäuschen bauen
▲ Ein Vogelhäuschen bauen	■ Ein Thema im Internet recherchieren
■ Ein Thema im Internet recherchieren	● Einen Vortrag halten
● Einen Vortrag halten	◆ Eine Freundin beim Kleiderkauf beraten/ Einen Freund in den Baumarkt begleiten
◆ Eine Freundin beim Kleiderkauf beraten/ Einen Freund in den Baumarkt begleiten	● Eine Party ausrichten

Auswertung

Jedem Kästchen mit einer Aussage ist eines von vier Symbolen zugeordnet. Zählen Sie zusammen, wie oft Sie welches Symbol angekreuzt haben, und notieren Sie sich das Ergebnis:

● = ... Mal

■ = ... Mal

▲ = ... Mal

◆ = ... Mal

Die Höchstzahl pro Symbol beträgt 18 Mal.

Das Symbol mit der höchsten Punktzahl führt Sie zu vielleicht ganz neuen Tätigkeitsfeldern, mit denen Sie sich einmal beschäftigen sollten. Liegen zwei Ergebnisse gleichauf, könnte beides interessant sein.

● *Der engagierte Teamworker*
Kein Mensch ist eine Insel und Sie wären todunglücklich, wenn Sie allein zu Hause im stillen Kämmerlein arbeiten müssten. Welche Tätigkeit auch immer Sie sich suchen, ihre Kontaktfreudigkeit, ihre Kreativität und ihr soziales Engagement brauchen ständig neue Herausforderungen. Ob Sie sich nun um andere kümmern oder Wissen und Hilfe vermitteln, Ihr Einfühlungsvermögen und Ihre Art, mit Menschen umzugehen, sind ein wertvolles Kapital, das sich vielseitig einsetzen lässt.

Mögliche Arbeitsakzente sind (je nach Vorbildung und Zeitaufwand):

- soziales Engagement: Jugend, Senioren, Bedürftige, Kirche, Verein
- Wissen vermitteln: Hobby, Volkshochschule, Museen
- Dienstleistung: überall, wo es auf Service ankommt
- Beratung: Minderheiten, Behördenhilfe

- Sport, Fitness und Gesundheit: Volkshochschule, Seniorensport

■ *Der begnadete Tüftler*

Sie brauchen keine große Bühne, Sie arbeiten gerne handwerklich oder technisch, vielleicht auch am Computer. Wahrscheinlich haben Sie keine Berührungsängste mit neuen Technologien und gehen den Dingen, die Ihnen neu sind, gerne auf den Grund. Wenn Sie noch dazu kontaktfreudig sind oder Ihr Wissen gern an andere weitergeben, erschließen sich daraus vielfältige Arbeitsmöglichkeiten. Dass Mathematik und Logik für Sie keine Fremdwörter sind, ist ohnehin klar. Den Rest bekommen Sie mit gesundem Menschenverstand und einer gehörigen Portion Neugier spielend in den Griff.

Mögliche Arbeitsakzente sind (je nach Vorbildung und Zeitaufwand):

- Umweltschutz und neue Energien: Beratung, Service, Verkauf
- Technik vermitteln: Service, Weiterbildung, Senior Experten Service
- Computer: Service, Weiterbildung, Reparatur
- technisches Handwerk: Reparatur, Montagehilfe, Hausmeisterei

▲ *Der kreative Kopf*

Sie haben jede Menge Ideen und definitiv auch eine künstlerische Ader. Daraus lässt sich immer etwas machen. Wahrscheinlich haben Sie die Gabe, Ihre kreativen Ideen mit Fantasie und Witz an den Mann zu bringen, und werden deshalb schnell zum Motor für Gleichgesinnte. Was Sie auch immer tun, Sie tun es mit ganzem Herzen und können auch kräftig zupacken, wenn Sie ein Ziel vor Augen haben. Ob Sie sich lieber mit Menschen oder Projekten beschäftigen, hängt von Ihren anderen Neigungen und Kenntnissen ab. Es ist wahrscheinlich, dass Sie in der Rentenzeit noch mal etwas Neues anfangen oder Ihr Hobby zum Beruf machen.

Mögliche Arbeitsakzente sind (je nach Vorbildung und Zeitaufwand):

- künstlerisches Hobby – professionell umsetzen: Volkshochschule, Seminare, freiberuflich beratend oder eigene Werke herstellen und vermarkten
- Engagement für eine interessante Sache: Umwelt, Politik, Entwicklungshilfe, Tierschutz
- hauswirtschaftlicher Bereich: Gastronomie, privater Haushalt, Volkshochschule
- Rund um den guten Geschmack: Galerie, Blumenladen, Bäckerei, Museum, Geschenkeladen

◆ *Das nüchterne Organisationstalent*
Sie sind kein sprunghafter Typ, sondern lieben Ordnung und eine gewisse Übersichtlichkeit. Wahrscheinlich haben Sie Spaß am Organisieren und Verkaufen und, was sehr hilfreich ist, keine Scheu vor Zahlen. Je nach Vorbildung lässt sich aus diesen eher nüchternen Fähigkeiten sehr viel machen, und es eröffnet sich ein weites Arbeitsfeld, wenn Sie nur ein bisschen Fantasie an den Tag legen. Wichtigste Voraussetzung allerdings: Sie müssen einen Blick über den eigenen Tellerrand wagen und auch mal um die Ecke denken, selbst wenn Ihnen das als eher gradliniger Mensch eher schwerfällt. Hilfreich: einen Blick auf den Bereich werfen, bei dem Sie die zweithöchste Punktzahl erreicht haben.

Mögliche Arbeitsakzente sind (je nach Vorbildung und Zeitaufwand):

- Beratung und Service: freiberufliches oder ehrenamtliches Engagement, bei dem Sie Ihr Fachwissen weitergeben
- alles, was nur irgendwie mit Geld und Zahlen zu tun hat: Buchhaltung, Kassenführung, Statistiken erstellen und auswerten
- werben, verkaufen und organisieren: Vereine, junge Unternehmer, Wohltätigkeitsbasare, eBay

Bleiben Sie neugierig!

Länger als Jeanne Calment hat noch kein Mensch gelebt, so steht es jedenfalls im Guinessbuch der Rekorde. Die Französin wurde 122 Jahre alt. Ihren langen Lebensabend hat die alte Dame zweifelsfrei genossen. Mit 85 Jahren lernte sie fechten, mit 100 fuhr sie noch mit dem Fahrrad und erst mit 110 Jahren ging sie in ein Altenheim. Am Ende ihres Lebens war sie fast blind und taub und saß im Rollstuhl, doch bis zum letzten Atemzug war sie temperamentvoll, geistig wach und beherzt. Glück, Zufall oder gute Gene? Wahrscheinlich von allem etwas, aber vor allem war Jeanne Calment neugierig und lebenslustig.

Die psychologische Forschung beweist, dass es einen Zusammenhang gibt zwischen kindlicher Neugier und Lebensfreude und einem langen aktiven Leben. Wem es gelingt, Eigenschaften, die landläufig nur Kindern zugeschrieben werden, bis ins Alter zu bewahren, der kann beruhigt in die Zukunft blicken.[10]

Neugier, Flexibilität, Offenheit, Spontaneität und Lebensfreude – wenn wir diese Eigenschaften ein Leben lang pflegen, verlangsamen wir dadurch den Alterungsprozess und bleiben »länger jung«. Umgekehrt gilt, wer sein Leben durchweg nach »erwachsenen« Regeln lebt, wird schneller alt.

Zu den Eigenschaften, die es zu pflegen gilt, gehört auch das Lernen und die Fähigkeit, sich in gewissem Maß immer wieder neu zu erfinden. Wer nicht verlernt hat, von Herzen zu lachen, neugierig und mutig zu sein, dem wird ein langes Leben geschenkt.[11] Überprüfen Sie Ihr Potenzial: Kreuzen Sie an, inwieweit die aufgeführten Feststellungen auf Sie zutreffen:

Dieser Feststellung stimmen Sie …	völlig zu	zu	nicht zu	überhaupt nicht zu
Ich löse gerne knifflige Probleme.				
Ich bin sehr intuitiv und weiß oft, was andere denken und fühlen.				
Ich bin schnell zum Weinen zu bringen.				
Ich habe viel Humor.				
Ich lache oft und viel.				
Ich bin gerne unter Menschen.				
Ich habe mindestens einen engen Freund bzw. eine enge Freundin, mit dem/der ich über meine Ängste und Träume reden kann.				
Ich gehe gerne auf andere Menschen zu, vor allem dann, wenn sie ganz anders sind als ich.				
Ich umarme andere öfter.				
Ich habe Tiere gern.				
Ich habe Kinder gern.				
Ich singe gern.				
Ich treibe Sport, nur so zum Spaß.				

Dieser Feststellung stimmen Sie …	völlig zu	zu	nicht zu	überhaupt nicht zu
Ich bin glücklich und genieße mein Leben.				
Ich glaube an die Zukunft und dass sie voller Überraschungen steckt.				
Ich habe eine lebhafte Fantasie und schmiede gerne Pläne.				
Ich bin kreativ.				
Arbeit muss unbedingt Spaß machen.				
Arbeit muss sinnvoll sein.				
Arbeit muss eine Herausforderung sein.				
Arbeit muss abwechslungsreich sein, dafür nehme ich auch Risiken in Kauf.				
Ich gehe den Dingen gern auf den Grund.				
Ich kann mich für jede neue Idee begeistern.				
Ich bin ein »Weltverbesserer«.				
Ihre Punkte				
Multiplizieren Sie Ihren Punktwert mit	4	3	2	1
Das Ergebnis				

Auswertung

Mehr als 72 Punkte
Sie haben ein sonniges Gemüt. Neugier, Flexibilität, Offenheit, Spontaneität und Lebensfreude gehören für Sie selbstverständlich dazu. Manchmal leben Sie allerdings Ihre spontanen Gefühle etwas zu spontan aus und geraten deshalb in eine Zwickmühle. Es gibt durchaus Menschen, die Sie für etwas exzentrisch halten. Andere wiederum bewundern Ihre Begeisterungsfähigkeit und genießen Ihre erfrischende Art.

Zwischen 49 und 71 Punkten
Wahrscheinlich sind Sie neugierig und deshalb offen für Neues, trotzdem bemühen Sie sich, nicht allzu spontan und überschwänglich zu reagieren, aus der Angst heraus, dann nicht mehr ernst genommen zu werden. Sie wissen, dass das Potenzial in Ihnen schlummert, sind aber oft zu ernsthaft, um wirklich spontan zu sein. Leider kommt ein Leben nach dem Lustprinzip für Sie nicht infrage, denn Ihr Verantwortungsbewusstsein hält die Spontaneität an der kurzen Leine. Das muss nicht so bleiben, viel zu lange haben Sie das Leben zu ernst genommen, jetzt ist es an der Zeit, locker zu lassen und auch mal etwas zu riskieren.

Weniger als 48 Punkte
Sie sind ein ernsthafter Typ und Ihr großes Verantwortungsbewusstsein stellt sich Ihnen des Öfteren in den Weg. Leider haben Sie Spontaneität, Offenheit und Flexibilität weitestgehend aus Ihren Leben verbannt. Das sollten Sie nun ändern: Überprüfen Sie Ihren Lebensstil und entdecken Sie die Lebensfreude. Wenn Sie glauben, das nicht zu können, nehmen Sie allen Mut zusammen und versuchen Sie es wenigstens. Lachen Sie aus vollem Herzen, spielen Sie mit Kindern oder Tieren, gönnen Sie sich etwas, was für Ihre Verhältnisse völlig aus dem Rahmen fällt. So können Sie Schritt für Schritt Spontaneität, Lebensfreude und Offenheit zurückgewinnen.

Zeit: So viel will ich investieren

Bei den vorbereitenden Überlegungen, müssen Sie sich auch Gedanken über die Zeit machen, die Sie in eine neue Tätigkeit investieren wollen. Zeit ist ja bekanntlich ein relativer Begriff und es gehört zu den Phänomenen des Ruhestands, dass man eben glaubt, keine Zeit mehr zu haben. Das Erscheinungsbild des ausgebuchten Rentners trifft man überall. Nur wenige sind in der glücklichen Lage, spontan einen Zeitplan vorlegen zu können, in dem »bezahlte« oder »unbezahlte« Arbeit einen festen Stellenwert aufweist. Es gilt also, sich behutsam an den Faktor Zeit heranzutasten. Dabei gibt es unterschiedliche Vorgehensweisen, die zu einer Festlegung führen können.

Der Ansatz Geld = Zeit: Wer Geld verdienen muss oder möchte, hat auch in der Regel eine Vorstellung davon, wie viel es denn sein muss bzw. darf. Allgemein ausgedrückt, muss man mehr Zeit auf Arbeit verwenden, je mehr Geld man damit erzielen will. Bestimmte Verdienstmodelle, zum Beispiel das Arbeiten auf 400-Euro-Basis, legen den höchstmöglichen Verdienst fest. Wie viel Zeit man wiederum darauf verwenden muss, hängt vom Stundenlohn ab.

Der Ansatz Zeit = Geld: Wer sich nicht vertraglich fest an einen Auftrag- bzw. Arbeitgeber bindet, für den ist Zeit gleich Geld: Je mehr man arbeitet, desto mehr verdient man. Dabei liegt die Arbeitszeit im Ermessen des Arbeitnehmers bzw. des Selbstständigen.

Arbeitet man nicht auf 400-Euro-Basis, muss man auch die *Hinzuverdienstgrenzen* im Auge behalten und/ oder zumindest auf die *Besteuerung* achten (siehe dazu unten Seite 64). Denn die bestbezahlteste Arbeit nutzt wenig, wenn das Finanzamt kräftig mit kassiert oder die Rente weggekürzt wird.

Wenn man über die Investition von Zeit nachdenkt, sollte der Spaß auch nicht zu kurz kommen.

Wer eine Arbeit annehmen muss, um finanziell über die Runden zu kommen, der hat natürlich ein berechtigtes Interesse daran, so wenig wie möglich freie Zeit einzusetzen. Wenn man allerdings mit Begeisterung einer neuen, sinnvollen Tätigkeit nachgeht, dann vergeht die Zeit wie im Flug.

Entschließt man sich hingegen etwas Neues zu lernen oder gar ein Studium anzufangen, gibt es Lehrpläne und Richtlinien, die den Zeitrahmen vorgeben.

Als Rentner hat man ein Recht auf freie Zeiteinteilung, und diese Möglichkeit sollte man nutzen. Nutzen Sie eventuell Ihre neu gewonnene Flexibilität auch, um dann zu arbeiten, wenn andere schon Feierabend haben. So können Sie das Leben aus einer ganz anderen Perspektive kennenlernen.

Allerdings ist nicht jedem Menschen so viel Selbstdisziplin gegeben, sich ein geregeltes Maß an Arbeit selbst zu organisieren. Dann tut man sich leichter, wenn man mit weniger Stunden anfängt und dann auf das ideale Maß anhebt. Schließlich bringt ein Blick auf die finanziellen Rahmenbedingungen Klarheit. Und wenn man das, was man tun will, unentgeltlich tut, dann sollte der damit verbundene Zeitaufwand im Verhältnis zur Sinnhaftigkeit stehen und der Stress sich so begrenzen lassen, dass er als Antrieb zu spüren ist, aber nicht zur Belastung wird.

Geld: So viel kann (darf) ich verdienen

Wie viel darf ich als Rentner hinzuverdienen? Und: Wie viel kann ich verdienen, ohne den Rentenanspruch zu gefährden? Wie verhält es sich mit Steuern und Sozialabgaben? Bei der Suche nach einer sinnvollen Beschäftigung im Alter sind diese Fragen natürlich ganz wichtig – aber die Antworten sind nicht immer ganz einfach:

Die gesetzliche Rente ist nach wie vor die wichtigste Einkommensquelle im Alter. Nach dem Rentenversicherungsbericht der Bundesregierung aus dem Jahr 2005 betrug der durchschnittliche Gesamtzahlbetrag in der gesetzlichen Rentenversicherung (am 1.7.2004) für Männer 982,95 Euro und für Frauen 692,76

Euro. Diese Werte berücksichtigen bereits die Tatsache, dass eine Person mehrere Renten gleichzeitig beziehen kann (z.B. eine eigene Rente und eine Witwenrente). Hieraus lassen sich jedoch nicht uneingeschränkt Rückschlüsse auf die finanzielle Gesamtsituation älterer Menschen ziehen.

Schließlich zählen zu den wichtigsten Einkommensquellen der Bevölkerung ab 65 Jahren nicht nur gesetzliche Renten, sondern Einnahmen aus anderen Alterssicherungssystemen (wie z.B. betriebliche oder private Renten), Zinsen, Mieteinnahmen, Lebensversicherungen und darüber hinaus auch Einkünfte aus einer Erwerbstätigkeit.

Rente und Verdienst – wie passt das zusammen?

Dass durchaus nicht jeder eine auskömmliche Alterssicherung hat, zeigt sich auch darin, dass viele Rentner im so genannten Ruhestand nebenbei noch erwerbstätig sind bzw. sein müssen. Wer sich noch nicht zur Ruhe setzen kann oder will, der muss sich jedenfalls mit den gesetzlichen Rahmenbedingungen auseinandersetzen. Ein paar Regeln sind zu beachten.

> Der wichtigste Tipp vorweg: Wenn Sie weiter arbeiten wollen, dann lassen Sie sich beraten! Denn die besten Lösungen sind nicht allgemeiner Natur, sondern ganz individuell für Ihre Situation herauszufinden.

- **Lebensalter – Regelaltersgrenze:** Wie viel Sie zur gesetzlichen Rente hinzuverdienen dürfen, ohne Ihren Rentenanspruch zu gefährden, hängt beispielsweise vom Lebensalter ab. Wenn Sie bereits die Regelaltersgrenze erreicht haben, können Sie grundsätzlich unbegrenzt hinzuverdienen. Sie müssen Ihre Beschäftigung bei Ihrem Rentenversicherungsträger dann auch nicht melden.

- **Vorsicht, Regelaltersgrenze steigt!** Die Regelaltersgrenze liegt derzeit bei 65 Jahren. Es wurde allerdings beschlossen, diese in den nächsten Jahren sukzessive bis zum Lebensalter von 67 Jahren ansteigen zu lassen.
- **Hinzuverdienstgrenze für jüngere Rentner:** Für diejenigen, die noch nicht 65 Jahre sind, gilt eine einheitliche Hinzuverdienstgrenze von 400 Euro brutto im Monat. Ausnahme: Zweimal im Jahr darf bis zu 800 Euro monatlich verdient werden, ohne dass dies Auswirkungen auf die Rente hat.
- **Arbeitgeberanteil bleibt bestehen:** Zu beachten ist dabei, dass der Arbeitgeber aus Gleichbehandlungsgründen den jeweiligen Arbeitgeberbeitrag zu zahlen hat, auch wenn sein Arbeitnehmer bereits Rente bezieht.

So weit, so einfach: Wenn Sie nicht in dieses Schema passen, dann wird die Sache etwas komplizierter.

Erhalten Sie jedoch schon vor Ihrem 65. Geburtstag eine Rente, etwa eine Altersrente für langjährig Versicherte, für schwerbehinderte Menschen, Berufs- oder Erwerbsunfähige, wegen Arbeitslosigkeit oder nach Altersteilzeitarbeit oder eine Altersrente für Frauen, dann können Sie nur bis zu einer bestimmten Grenze verdienen, ohne Ihrer Rente zu »schaden«.

Ein Überschreiten der so genannten Hinzuverdienstgrenze führt aber nicht sofort zum Wegfall der Rentenbezüge. Die Rente kann in diesem Fall von einer »Vollrente« in eine Teilrente umgewandelt werden, die dann einen höheren Hinzuverdienst erlaubt. Wer also mehr als 400 Euro verdient, verdienen will oder muss, der muss auf einen Teil der Rente verzichten. Bitte erkundigen Sie sich und rechnen Sie vorher genau!

Rentenstaffelung

Sie können die Altersrente als

- Vollrente (in voller Höhe),
- Zwei-Drittel-Teilrente (in Höhe von $^2/_3$ der Vollrente),
- Halb-Teilrente ($^1/_2$ der Vollrente)
- Ein-Drittel-Teilrente ($^1/_3$ der Vollrente)

erhalten.

Je niedriger der Anteil der Rente ist, umso mehr können Sie hinzuverdienen.

Teilrente – was darf man hinzuverdienen?

Bei einer Teilrente erhöhen sich die Hinzuverdienstgrenzen beträchtlich. Sie werden individuell errechnet und sind auch vom Arbeitsverdienst der letzten drei Jahre vor Beginn der Altersrente abhängig.

Ein Beispiel: Ein Durchschnittsverdiener (rd. 2500 Euro mtl.) mit $^1/_2$ Teilrente darf monatlich 1416 Euro (Ost: 1244 Euro) hinzuverdienen.

Für Betroffene, die in diesem Zeitraum immer genauso viel verdient haben wie der Durchschnitt aller Rentenversicherten, gelten zum Beispiel folgende Werte:

	alte Bundesländer	neue Bundesländer
$^2/_3$ Rente	969,15 EUR	851,65 EUR
$^1/_2$ Rente	1416,45 EUR	1244,73 EUR
$^1/_3$ Rente	1863,75 EUR	1637,80 EUR

Überschreiten Sie die Hinzuverdienstgrenze für eine bestimmte Teilrente und halten den Grenzwert für eine niedrigere Teilrente ein, wird Ihnen diese Rente auch ohne Antrag gezahlt.

Die maßgebenden Entgeltpunkte können Sie der Anlage 19 Ihres Rentenbescheids entnehmen. Dort finden Sie auch die Hinzuverdienstgrenzen für die erste Zeit Ihres Rentenbezugs.

Die Grenzwerte sind dynamisch. Das bedeutet, dass diese an die Lohnentwicklung gekoppelt sind und sich dieser entsprechend verändern können.

Wenn Sie die Hinzuverdienstgrenze für die Vollrente oder eine höhere Teilrente wieder einhalten, muss *die höhere Leistung jedoch innerhalb von drei Kalendermonaten beantragt* werden.

Wie man sieht, gestaltet sich das alles etwas komplizierter, sodass man um eine individuelle Beratung fast nicht herum kommt. Fragen Sie deshalb vor Beginn der Erwerbstätigkeit beim Rentenversicherungsträger, ob Ihr Verdienst die Grenzen für die gewünschte Teilrente einhält oder überschreitet, damit sich Ihr Nebenjob finanziell lohnt.

Rentensteuer: Wer zahlt wie viel?

Rentner hatten es bisher gut: Den Stress mit der Steuererklärung konnten sich die meisten sparen. Das ist seit 2006 vorbei, seitdem interessiert sich das Finanzamt immer öfter auch für die Einkünfte der Rentner.

Viele Rentner mussten 2006 erstmals eine Steuererklärung (für 2005) beim Finanzamt abgeben. Eine Folge des neuen *Alterseinkünftegesetzes,* wonach Beiträge zur staatlichen Rente und zu ausgewählten Formen privater Altersvorsorge stärker als bisher gefördert (Stichwort: Riester-Förderung), Renten aber stärker als früher besteuert werden. Grundsätzlich gilt: Ein Teil der gesetzlichen Rente muss versteuert werden. Der Besteuerungsanteil erhöht sich – gesetzlich geregelt – jedes Jahr um

2 Prozent, lag also beispielsweise im Jahr 2009 bei 58 Prozent. Ab 2020 bis 2040 steigt der Satz noch um jährlich 1 Prozent. Erhält also jemand beispielsweise ab 2009 Rente, so muss er 58 Prozent seiner gesetzlichen Rente versteuern. Bezieht er Rente ab 2010, dann sind es 60 Prozent usw. Der Eingangsprozentsatz bleibt in den folgenden Jahren gleich. Das bedeutet: Die 58 Prozent Besteuerung des Rentenbeziehers ab 2009 werden auch in 2010, 2011 usw. erhoben und erhöhen sich nicht.

Jahr des Rentenbeginns bis	Besteuerungsanteil in Prozent
2009	58
2010	60
2020	80
2030	90
2040	100

bis 2020 Steigerung um 2 % pro Jahr,
ab 2021 Steigerung um 1 % pro Jahr

Wichtig zu wissen: Spätere Rentenerhöhungen sind voll steuerpflichtig. Wenn Sie beispielsweise derzeit 2000 Euro gesetzliche Rente erhalten, sind davon 840 Euro steuerfrei. Wird die Rente auf 2020 Euro erhöht, müssen 1180 Euro versteuert werden.

Aber nicht jeder muss seine Rente versteuern: Zu den Einkünften, die berechnet und zu versteuern sind, zählen – neben der gesetzlichen Rente – auch Betriebsrenten, Zins- und Mieteinnahmen. Steuerfrei bleibt auf jeden Fall eine Bruttorente von bis zu 1550 Euro im Monat bei Singles (18 000 Euro im Jahr) und 3100 Euro im Monat bei Verheirateten (37 200 Euro).

Das zu versteuernde Einkommen kann zudem reduziert werden um:

- einen Grundfreibetrag von 7664 Euro für Alleinstehende und 15 328 Euro für Verheiratete;
- einen Werbungskostenpauschbetrag von 102 Euro;
- einen Versorgungsfreibetrag von 40 Prozent, höchstens aber 3900 Euro bei zusätzlichen Einnahmen wie Betriebsrenten;
- einen Freibetrag auf Renten aus privaten Versicherungen oder einer Direktversicherung (zu 18 Prozent steuerpflichtig bei Rentenbeginn mit 65);
- Versicherungsbeiträge zur Kranken-, Haftpflicht-, Lebens-, Krankenhaustagegeld-, Unfall-, Pkw-Haftpflicht- und zur Pflegeversicherung – bis zu 4402 Euro/ 8804 Euro (Alleinstehende/Ehepaare) ungekürzt, weitere 1334/2668 Euro zur Hälfte;
- Kosten für Ärzte, Medikamente etc., die über der Belastungsgrenze liegen (je nach Einkommen zwischen 4 und 6 Prozent des Jahreseinkommens);
- Aufwendungen für eine Putz-, Einkaufs- oder Pflegehilfe (maximal 600 Euro);
- Kosten für eine Haushaltshilfe (bis 624 Euro);
- Altersentlastungsbeitrag bei Einkünften aus Zinsen, Mieten oder Arbeitslohn (40 Prozent, maximal 1900 Euro);
- Spenden an Parteien, Hilfsorganisationen etc.

Formulare, die ausgefüllt werden müssen

Für Ihre Steuererklärung brauchen Sie zunächst einen vierseitigen so genannten Mantelbogen. Hier werden unter anderem persönliche Daten, Kranken- und Pflegeversicherung sowie außergewöhnliche Belastungen wie Behinderungen oder Haushaltshilfen eingetragen. Dann brauchen alle Rentner die Anlage R, in die sie eintragen, wie viel gesetzliche Rente sie bekommen und wie hoch ihre Einkünfte aus anderen Altersvorsorgeverträgen sind. Außerdem gibt es noch Formulare für die weiteren Einkünfte – zum Beispiel die Anlage KAP für Einkünfte aus Kapitalvermögen oder die Anlage V für Einkünfte aus Vermietungen und Verpachtungen. Alle Formulare bekommen Sie beim Finanzamt oder im Internet unter www.bundesfinanzministerium.de.

Steuern auf Renten sind nicht neu

Was viele nicht wissen: Auch früher schon wurden die gesetzlichen Renten besteuert. Das Finanzamt bat die Rentner beim so genannten Ertragsanteil der gesetzlichen Rente zur Kasse. Das waren zwischen 27 und 32 Prozent. Manche Rentner werden vielleicht erst später entdecken, dass sie eigentlich schon im Vorjahr steuerpflichtig waren. Dann sollten sie nicht warten, bis das Finanzamt diesen Fehler bemerkt, sondern sich mit einer Selbstanzeige aus der Patsche helfen. Wichtig ist außerdem, dass Sie den Abgabetermin am 31. Mai nicht verpassen.

Kapitel 2

Senioren – aus Erfahrung gut

»Jede Reise beginnt mit einem ersten Schritt«, besagt ein altes chinesisches Sprichwort, und indem Sie sich um eine Perspektive für die Zukunft bemühen, haben Sie den ersten Schritt bereits getan. Eigentlich könnten Sie sich – ihrem Alter entsprechend – jetzt ruhig zurücklehnen und die Hände in den Schoß legen, aber das tun Sie nicht – und das ist gut so.

Das erste Kapitel hat Sie ermutigt und Ihnen Ideen an die Hand gegeben, wie Sie den unklaren Gefühlen beikommen können und wie Sie etwas Sinnvolles anfangen, ein paar Euro hinzuverdienen und Ihr Wissen weitergeben können.

Jetzt ist es Zeit für den nächsten Schritt. Wer Träumen und Ideen auch Taten folgen lassen will, muss sich umschauen, einen Markt finden, Pläne mit Fakten anreichern und reifen lassen. Bei der Arbeits- oder Beschäftigungssuche kommt es auf Initiative an, dabei ist das Alter sekundär oder zumindest nicht entscheidend über Erfolg oder Misserfolg Ihrer Mission.

Zwar stimmt es, dass in den Köpfen der Personalentscheider, Rentner nicht als potenzielle Arbeitskräfte gespeichert sind, aber das wird gewiss nicht so bleiben. Tatsache ist, das Ältere als nicht mehr so leistungsfähig, weniger flexibel und belastbar gelten. Es wäre dumm, anzunehmen, dass man diesen Klischees einfach mit guten Argumenten entgegentreten kann. Machen Sie sich also klar, dass Sie nicht in Konkurrenz zu jungen, gut ausgebildeten und »billigen« Arbeitnehmern treten können – wobei Sie dies wahrscheinlich auch gar nicht wollen.

Aber was haben Sie dann zu bieten? Natürlich Erfahrung! Erfahrung ist nichts, was man sich kaufen oder in einem Crashkurs pauken kann, Erfahrung kann man nur im Laufe eines Lebens erwerben. Sie ist der Bonus, den Sie ins Spiel bringen müssen. Denn wer erfahrener ist, ist in der Regel auch zuverlässiger und fleißiger. Stellen Sie daher Ihre Erfahrung allen anderen Pluspunkten voran.

Was also für Sie spricht ist:

- Erfahrung
- Flexibilität
- Stabilität
- Leistungen und Verdienste
- flexible Arbeitszeit und kurzfristige Verfügbarkeit

Ziel ihrer Bewerbung sollte es sein, sich als Lösung eines Problems darzustellen – und nicht als einen Rentner auf Arbeitssuche! Wie Sie das am besten anstellen, wird Ihnen dieses Kapitel praktisch und realistisch zeigen.

Startschwierigkeiten

»Mehr als 20 Jahre war ich selbstständig, hatte meinen eigenen kleinen Frisiersalon und zeitweise bis zu drei Angestellte. Doch die Berufsjahre forderten Ihren Tribut und irgendwann waren meine Bandscheiben so kaputt, dass ich nicht mehr regelmäßig arbeiten konnte. Nun gut, dachte ich, es ist ja keine Schande, mit 59 Jahre wegen Berufsunfähigkeit in Rente zu gehen. Ich gab also meinen Frisiersalon auf, verkaufte das ganze Inventar, zog in eine kleinere Wohnung und legte erst mal die Hände in den Schoß. Dann kam mein Rentenbescheid und mit der Ruhe war's vorbei. Zu viel zum Sterben, zu wenig zum Leben. Ich musste aktiv werden. Erst habe ich mich in verschiedenen Salons beworben, Teilzeit oder auf Stundenbasis. Doch das war nie von langer Dauer – zum einen war der Verdienst miserabel, und dann tat ich mich auch schwer in die Rolle des Weisungsempfängers zu

schlüpfen. Nach so vielen Berufsjahren weiß man halt einfach manches besser – und den Mund zu halten, wenn der Chef anderer Meinung war, fiel mir schwer.

Gut, habe ich mir gesagt, dann machst du halt was, was du nicht so gut kannst, dann lässt du dir vielleicht von anderen eher was sagen. Ich habe mich auf alle möglichen Jobs beworben und wurde auch ganz oft zu Vorstellungsgesprächen eingeladen. Aber ich glaube, die waren nur neugierig und wollten wissen, warum ich mich überhaupt auf so einen berufsfremden Job beworben habe. Das war mühsam und deprimierend, bis ich den Aushang an einer Tankstelle las: ›Aushilfe auf 400-Euro-Basis gesucht‹. Ich bin rein, hab mich beworben und habe den Job gekriegt.

Ob ich damit glücklich bin? Nicht wirklich. Aber ich komme unter Menschen und verdiene ein bisschen was dazu, das beruhigt ungemein. Inzwischen habe ich auch so etwas wie einen mobilen Frisier-Service für Senioren aufgezogen. Ich fahre mit dem Auto rum und schneide den Kunden zu Hause die Haare. Es sind überwiegend ältere Damen, die nicht mehr mobil genug sind, zum Friseur zu gehen. Damit komme ich jetzt ganz gut über die Runden – und Spaß macht es auch.« *Elsa (64)*

Check-up: Was kann ich – was will ich davon nutzen?

Welche berufliche Qualifikation Sie haben, wissen Sie. Welche Eigenschaften Sie mitbringen, haben Sie inzwischen herausgefunden. Wahrscheinlich haben Sie auch schon eine Idee, welche Qualifikationen und Fähigkeiten Sie einsetzen wollen, um eine Beschäftigung zu finden.

Die Jobseiten der Wochenendausgaben gehörten wahrscheinlich schon länger nicht mehr zu Ihrer bevorzugten Lektüre. Der Arbeitsmarkt ist ein kompliziertes Gebilde aus Angebot und Nachfrage, das sich ständig verändert und den marktwirtschaftlichen Gegebenheiten anpasst. Wer so lange berufstätig war wie Sie, der ist unter Umständen ein wenig aus der Übung, wenn er sich jetzt wieder auf diesem »Marktplatz« tummeln soll.

Betrachten Sie es zunächst einmal als Gedankenspiel, bei dem alles möglich und nichts unmöglich ist. Machen Sie sich ein Raster, in dem Sie bestimmte Eckpunkte festlegen und so nach und nach ein Anforderungsprofil an die neue Tätigkeit erstellen.

Dabei sollten Sie nun folgende Punkte klären:

- In welcher Branche möchten Sie tätig sein?
- Für welche Tätigkeiten sind Sie qualifiziert?
- Für welche Tätigkeiten sind Sie aufgrund Ihrer Erfahrung oder aufgrund von Hobbys, Vorlieben, Eigenschaften prädestiniert?
- Wie viel Zeit möchten Sie mit der neuen Tätigkeit verbringen?
- Wie viel Geld soll/muss Ihnen die neue Tätigkeit einbringen?
- Gibt es Unternehmen, die Sie besonders interessieren?
- Haben Sie zusätzliche Qualifikationen, die Sie als Arbeitnehmer interessant machen?
- Welche überraschenden Einsatzgebiete oder Eigenschaften hat die Lektüre des 1. Kapitels erbracht?

Wie immer im Leben ist es die halbe Miete, wenn man eine konkrete Vorstellung von dem hat, was man will. Je mehr »Wünsche« Sie zusammentragen können, desto genauer zeichnet sich das Profil ihres künftigen Jobs ab.

Und: Bauen Sie unbedingt auf Ihre Erfahrung! Setzen Sie Ihre Kenntnisse fantasievoll ein und um. Machen Sie damit künftigen Arbeitgebern ein Angebot, das sie einfach nicht ablehnen können.

Querdenken! Weiterdenken!

Es gibt unterschiedliche Möglichkeiten, wie man sich als Rentner auf dem Arbeitsmarkt neu etablieren kann. Denken Sie nicht gradlinig, sondern quer. Lassen Sie Ihrer Fantasie freien Lauf! Auf konventionellem Weg haben Sie als Senior nicht so gute Marktchancen, es sei denn, Sie präsenticren eine geniale Idee gleich mit dazu. Hier ein paar Anregungen:

Troubleshooter
Wissen Sie, was ein Troubleshooter ist? So wird ein Mensch bezeichnet, der darauf spezialisiert ist, Probleme aus der Welt zu schaffen. Solche Problemlöser brauchen vor allem eins: Erfahrung und Durchblick. Durch Ihre langjährige Berufserfahrung haben Sie garantiert beides. Auf welchen Gebieten können Sie dies einsetzen?

Ihr Auftrag, bitte!
Streben Sie keine Festanstellung an, sondern bemühen Sie sich um zeitlich oder projektgezogen begrenzte Aufträge. Den kurzfristigen Einsatz, zum Beispiel als Urlaubsvertretung, lassen Sie sich natürlich bezahlen, aber stellen Sie stets Ihre Unabhängigkeit in den Vordergrund. Durch gute Leistung kann man dann überzeugen und dann vielleicht so nicht nur zu Anschlussaufträgen, sondern beizeiten auch zu einem konstanteren Arbeitsverhältnis kommen.

Ich weiß etwas, was du nicht weißt!
Wissen ist Macht und manchmal entwickelt sich Wissen auch zu einer wahren Goldgrube. Bieten Sie spezielle Fähigkeiten oder Kontakte an! Sicher haben Sie aus Ihrer Berufstätigkeit eine ganze Reihe von Adressen und kompetenten Fachleuten, die sich jetzt nutzbringend einsetzen lassen. Überlegen Sie, was für wen interessant sein könnte.

Gute Ideen zahlen sich aus!

Wenn Sie gute Ideen haben oder über besondere Fertigkeiten verfügen, halten Sie damit nicht hinterm Berg, sondern machen Sie das publik. Schreiben Sie einen Artikel, Bericht oder Leserbrief über Ihre Ideen; sprechen Sie darüber mit »alten« Kontakten und neuen Bekannten. Beweisen Sie stets Sachkenntnis und Kompetenz.

Machen Sie sich selbstständig!

Ehe Sie gar nichts machen, machen Sie sich selbstständig. Je nach Spezialgebiet haben Sie vielleicht das Zeug zum Berater, dann könnten gleich mehrere Firmen zu Ihren potenziellen Auftraggebern gehören. Der Vorteil: Ihre Einnahmen speisen sich aus unterschiedlichen Quellen, damit können Sie günstiger sein als andere.

Coach werden

Wenn Sie etwas können, was nicht jeder kann – und noch dazu gern ihr Wissen weitergeben, dann denken Sie an Coaching oder eine Lehrmöglichkeit. Manchmal suchen auch Unternehmen Leute, die ihre Mitarbeiter auf einem Spezialgebiet coachen können. Seminare und Kurse sind überhaupt eine gute Idee, um auf Ihre Kompetenz aufmerksam zu machen. Vielleicht ergibt sich auf diesem Weg sogar ein neuer Job.

Das Hobby zum Beruf machen

Haben Sie ein Hobby, das sich zum Beruf machen lässt? Oft genügt schon eine kleine Zusatzqualifikation, die Sie dann zum begehrten Fachmann bzw. zur begehrten Fachfrau macht. Das Spektrum der Möglichkeiten wird dadurch unbegrenzt groß, denn von der Kunst des Kakteenzüchtens bis hin zum Marmeladeeinkochen findet sich garantiert ein Abnehmer für Ihr Fachwissen.

Sich ehrenamtlich engagieren
Das zahlt sich vielleicht auf den ersten Blick nicht in barer Münze aus, ist aber eine wertvolle Investition. Auch wer sich in einem Verein tatkräftig einbringt, bekommt Gelegenheit, bestimmte Fähigkeiten unter Beweis zu stellen. Zudem sind Vereine und Organisationen gute Multiplikatoren für Stellengesuche.

Zusammen stark
Schließen Sie sich mit anderen Menschen mit gleichen Ambitionen zusammen und machen Sie etwas aus der gemeinsamen Kompetenz. Wenn sich Charakterzüge und Ausbildungen noch dazu ergänzen, kann daraus ein ganz starkes Team werden.

Lassen Sie Ihre Beziehungen spielen!
Wer ein Leben lang gearbeitet hat, hat zahlreiche Kontakte. Jetzt ist es an der Zeit, diese zu nutzen. Reden Sie mit Menschen, treffen Sie sich mit Bekannten und ehemaligen Kollegen, nutzen Sie jede Gelegenheit, Ihre Wünsche zu verbreiten. Was man im beruflichen Fachjargon als »Networking« bezeichnet, kann Ihnen genau jetzt helfen. Zwar muss man unter Umständen ein bisschen Geduld mitbringen, aber »Vitamin B« (B für Beziehungen) zahlt sich immer aus.

Gehen Sie unter Menschen und sprechen Sie über Ihre Zukunftspläne. Denn: Nicht Bewerbungsunterlagen beschaffen Arbeit, sondern Menschen.

Time Management: Vollzeit – Teilzeit – Stundenbasis

Eine der zentralen Fragen, die Sie sich beantworten müssen, bevor Sie zur Bewerbungstat schreiten, ist die nach ihrem persönlichen Zeitplan: Wie viel Zeit wollen Sie in ihrem künftigen Job verbringen?

Häufig ist es so, dass nach dem Rentenantritt ein wenig Zeit vergeht, bis der Entschluss zum neuerlichen Karrierestart reift. Nur die wenigsten starten gleich durch oder hören erst gar nicht mit dem Arbeiten auf. Insofern ist *Oskar, 66,* eine Ausnahme:

»Ein Jahr vor meinem offiziellen Rentenantritt wurde das Unternehmen meines Auftraggebers verkauft. Mit 64 Jahren war ich natürlich für den Arbeitsmarkt nicht mehr attraktiv und eine entsprechende Abfindung konnte sich das Unternehmen auch nicht leisten. Also beschäftigte man mich mit der Übergabe des Betriebs an den Käufer. Es war eine mühsame Zeit, die mir die Lust auf Arbeit so richtig verdorben hat. Kurz vor meinem 65. Geburtstag hat sich die ganze Mühe dann doch gelohnt. Durch die ganze Abwicklung hatte ich so gute Kontakte bekommen, dass mir die Hausverwaltung eines großen Bürokomplexes angeboten wurde. Mit 65 Jahren machte ich mich selbstständig und arbeite heute genau so, wie ich es immer wollte. Zugegeben, der Job ist jetzt nicht gerade die große Herausforderung, aber dafür bin ich zum ersten Mal in meinem Leben mein eigener Herr. Und nebenbei bemerkt: So gut verdient habe ich in meinem ganzen Berufsleben nicht.«

So glatt läuft es selten, aber es zeigt auch, dass sich aus den unmöglichsten Situationen heraus neue Jobchancen entwickeln können.

Bevor Sie eventuell Jobangebote studieren, erstellen Sie also Ihren persönlichen Zeitplan. Der Arbeitsmarkt ist heute diesbezüglich sehr flexibel und so sind Sie es auch.

Generell unterscheidet man zwischen einer Vollzeit- und einer Teilzeitbeschäftigung. Je nach Branche liegt die Arbeitszeit eines Vollzeitbeschäftigten bei etwa 37 Stunden wöchentlich. Wer halbtags arbeitet, kommt häufig auf 16 bis 19 Stunden pro Woche, wobei man dann zumeist regelmäßig vormittags arbeitet oder zweieinhalb Tage in der Woche. Bei der Teilzeitarbeitsvariante kann die wöchentliche Arbeitszeit freier gestaltet werden. Die Stundenzahlen variieren und ebenso dic Arbeitszeiten. Natürlich gibt es für einen Teilzeitjob auch weniger Geld.

Ein beliebtes Arbeitszeitmodell sind die 400-Euro-Jobs. Bei diesen »Minijobs« gilt für den Arbeitnehmer: Brutto ist gleich netto. Derweil zahlt nur der Arbeitgeber Beiträge in die Renten- und Krankenkasse ein.

Pro 400-Euro-Job fällt für ihn eine Pauschale von circa 30 Prozent des Gehalts an.

Arbeitgeber-Zuzahlung pro 400-Euro-Job:

15 Prozent für Rentenversicherung
13 Prozent für Krankenversicherung
2 Prozent Steuern
0,77 Prozent Entgeltfortzahlung bei Krankheit, Mutterschutz und Insolvenz

= 30,77 Prozent insgesamt

Bei privat krankenversicherten Minijobbern beträgt die Arbeitgeber-Zuzahlung 11,77 Prozent.

Durch diese Versicherungspflicht gelingt es dem Gesetzgeber, auch Niedrigverdiener besser abzusichern. Die Kehrseite auf dem Arbeitsmarkt ist allerdings, dass viele Arbeitgeber lieber Minijobber als Teilzeitkräfte einstellen, weil sie sich dann die noch höheren Lohnnebenkosten für Halbtagsstellen sparen können. Wie erwähnt, gilt für den 400-Euro-Jobber selbst: Brutto ist gleich netto. Aber Vorsicht: Wer mehrere 400-Euro-Jobs parallel ausübt, muss diese voll versteuern. Dann werden die Einkünfte aus den Nebenbeschäftigungen zusammengerechnet und sind in der Summe voll sozialversicherungspflichtig.

Im Gegensatz zu freiberuflich Beschäftigten genießen 400-Euro-Jobber einige wichtige Vorteile. Zum Beispiel haben sie Recht auf bezahlten Urlaub. Jedem Minijobber steht der gesetzliche Mindesturlaub nach dem Bundesurlaubsgesetz zu. Während einem Angestellten bei einer Vollzeitbeschäftigung mindestens zwei Werktage pro Monat zustehen, berechnet sich der Urlaubsanspruch eines Minijobbers anteilig nach der in einer Woche geleisteten Stundenzahl. Das sind beispielsweise bei 10 Arbeitsstunden pro Woche ein jährlicher Urlaubsanspruch von mindestens sechs Tagen. Zudem haben geringfügig Beschäftigte Anspruch auf ein anteiliges Urlaubs- und Weihnachtsgeld, falls diese Zahlungen im Betrieb üblich oder tarifvertraglich geregelt sind.

Bei Sonderzahlungen ist jedoch Vorsicht geboten: Wenn die 400-Euro-Grenze durch Urlaubs- und Weihnachtsgeldzahlungen überschritten wird, ist die Beschäftigung sowohl für den Angestellten als auch für den Arbeitgeber voll versicherungs-, beitrags- und steuerpflichtig. Um das zu vermeiden, können Arbeitszeit und Entgelt entsprechend verringert werden, sodass ein Jahresarbeitsentgelt die gesetzliche Höchstgrenze nicht überschreitet.

Im Krankheitsfall muss einem 400-Euro-Jobber – wie allen anderen Arbeitnehmern – das Arbeitsentgelt bis zu sechs Wochen lang fortgezahlt werden. Das gilt aber erst dann, wenn das Arbeitsverhältnis vier Wochen lang ununterbrochen besteht. Ab dem 43. Krankheitstag gehen Mini-Jobber allerdings leer aus. Von diesem Tag an braucht der Arbeitgeber nicht mehr zu zahlen. Und die Krankenkasse springt für Minijobber – anders als für andere fest angestellte Beschäftigte – nicht ein.

Arbeitgeber müssen geringfügig Beschäftigte ebenso wie andere Angestellte bei der Berufsgenossenschaft anmelden. Die Arbeitnehmer sind dann während der Arbeitszeit und auf dem Weg zur und von der Arbeit unfallversichert.

Zentrale Frage ist natürlich auch: Wie viele Stunden muss man für 400 Euro monatlich arbeiten? Die monatliche Arbeitszeit errechnet sich (pauschal ausgedrückt) aus 400 Euro geteilt durch den Stundenlohn. Bei einem Stundenlohn von 10 Euro muss man 40 Stunden im Monat arbeiten = 10 Stunden pro Woche. Man muss umso weniger Zeit investieren, desto höher der Stundenlohn ist. Allerdings werden überwiegend nur Aushilfstätigkeiten so vergütet. Andererseits birgt ein 400-Euro-Job den Vorteil, dass dieser Verdienst nicht »rentenschädigend« ist (vgl. Kapitel 1). Bezieht man jedoch (ab dem 65. Lebensjahr) eine so genannte Vollrente kann man dann beispielsweise auch Teil- oder Vollzeit arbeiten, ohne dass die Rente gekürzt wird. Allerdings muss der Mehrverdienst dann versteuert werden (vgl. Kapitel 1).

»Nur nicht dem Staat auf der Tasche liegen«

»Dreimal in der Woche putze ich alle Räume im Seniorenzentrum. Dort, wo die Alten sich Ihre Langeweile vertreiben, verdiene ich mein Geld. In den vier bis fünf Stunden sauge ich dann alles durch, wische Staub, ab und zu putze ich auch die Fenster. Damit verdiene ich monatlich 400 Euro zu meiner Rente von 540 Euro dazu. Als ehemalige Bäckereigehilfin, die viel in Teilzeit gearbeitet hat, kriegt man nicht mehr Rente. Wenn ich nicht arbeiten würde, bekäme ich die gesetzliche Grundsicherung. Damit wäre ich nur wenig schlechter gestellt. Aber arbeiten ist mir lieber. Da kann ich mir auch mal was leisten: Den Tierarzt für meine Hunde und ab und zu einen Restaurantbesuch.« *Käthe, 69*

Lockere Arbeitsverhältnisse können auch auf Stundenbasis ausgehandelt werden. Wenn man beispielsweise nur dann gerufen wird, wenn Not am Mann ist, dann ist das freie Arbeiten zu einem fixen Stundensatz durchaus eine Alternative.

Der eigene Zeitplan für die berufliche Zukunft ist wichtig, damit man überhaupt eine Vorstellung davon bekommt, was der berufliche Neustart zeitlich gesehen bedeutet. Allen Überlegungen voran steht jedoch der Grundgedanke, dass arbeiten im Alter sowohl Spaß machen als auch finanziell etwas abwerfen soll. Und wenn man davon schon nicht reich werden kann, so soll doch die Rente aufgebessert werden, damit man sein gewohntes Leben nach dem Rentenantritt möglichst fortführen kann bzw. wenigstens nicht allzu schwere Einschnitte hinnehmen muss.

Oft entsteht eine gute Übersicht, wenn man sich einen Wochenplan macht und in diesen alle festen Verpflichtungen einträgt. Wie viel Zeit steht Ihnen noch zur Verfügung? Wie viele private Verpflichtungen und Vergnügungen würden Sie einem künftigen Job opfern? Daraus ergibt sich die Stundenzahl, die Sie arbeiten können bzw. wollen. So vorbereitet können Sie zur Jobsuche übergehen.

Stellensuche: Wer hilft weiter?

Wie lange ist es her, dass Sie zum letzten Mal auf Stellensuche waren? Wie alles auf dieser Welt ist auch die Suche nach Arbeit oder Beschäftigung einem ständigen Wandel unterworfen. Deshalb ist es wichtig, sich über die aktuellen Möglichkeiten zu informieren, wie man an Arbeit kommt.

Wer Beschäftigung sucht, muss sich mit den Regeln des Arbeitsmarktes vertraut machen. Wie die Wirtschaft ist der Arbeitsmarkt ständig in Bewegung und er unterliegt vielfältigen Einflüssen. So kann es durchaus sein, dass Sie vielleicht nicht gleich heute schon Erfolg mit Ihrer Suche haben, sondern vielleicht erst morgen oder übermorgen. Aber auch jeder zunächst erfolglose Versuch macht Sie um eine Erfahrung reicher. Lassen Sie sich nicht von Zweifeln packen, lassen Sie sich durch nichts entmutigen! Hier zunächst einmal ein Überblick über die gängigen Möglichkeiten, eine neue Beschäftigung zu finden:

Inserate sichten

Die einfachste und unverbindlichste Art der Beschäftigungssuche ist das Sichten von Anzeigen mit Stellenangeboten in Zeitungen und Zeitschriften. Der erste Schritt ist also: Zeitungen kaufen und nach Angeboten durchsuchen. Aber welche Zeitungen und Zeitschriften haben ein erfolgversprechendes Angebot?

Stellenangebote erscheinen in Tages- und Wochenzeitungen, in Wirtschafts- und Fachzeitschriften, in Verbandsmitteilungen von Berufsverbänden und Gewerkschaften. In der Regel erscheinen Jobangebote in Tageszeitungen zweimal wöchentlich, wobei das Angebot und der Umfang in den jeweiligen Wochenendausgaben größer und vielfältiger sind. Sie müssen dabei allerdings auch unterscheiden zwischen regionalen Tageszeitungen, die nur im Umkreis Ihres Heimatortes erscheinen, und überregionalen Tageszeitungen, die Angebote aus dem gesamten Land vereinen. Die Stellenangebote in Wirtschafts- oder Branchenblättern sind auf eine bestimmte Berufsgruppe oder Branche zugeschnitten, es erscheinen zum Teil auch Inserate in Frauenzeitschriften, die sich dann wiederum nur an weibliche Bewerber wenden.

Wenn Sie Ihre Anzeigenlektüre zusammenhaben, beginnt die eigentliche Bewerbungsarbeit: Sie müssen sich durch einen dicken Stapel Papier kämpfen und dabei die Spreu vom Weizen, also Interessantes von Uninteressantem trennen. Das kostet Zeit, klar, ist aber auch spannend, denn man erfährt eine Menge darüber, wer auf welche Weise in den verschiedenen Branchen gesucht wird. Sichten Sie die Anzeigen nach folgenden Kriterien:

- Anschrift des Unternehmens/Chiffre oder Personalagentur
- Darstellung des Unternehmens
- Anforderungen an den Bewerber
- Beschreibung der Stelle

Schneiden Sie Stellenanzeigen, die in irgendeiner Weise Ihre Aufmerksamkeit erregt haben, aus und kleben Sie das Angebot auf ein Blatt Papier. Schreiben Sie den Namen der Zeitung und das Erscheinungsdatum dazu. Es ist gut, wenn man bei der Jobsuche den Überblick bewahrt und systematisch vorgeht.

Betrachten Sie dann erst einmal das Unternehmen bzw. ob es nichtchiffriert oder chiffriert bzw. durch eine Personalagentur die Stelle anbietet. Unternehmen, die unter eigenem Namen agieren, sind immer zu bevorzugen. Vielleicht kennen Sie ja jemanden, der für diese Firma arbeitet, vielleicht haben Sie noch Kontakte, die sich nutzen lassen. Bei Personalagenturen haben Sie als Rentner höchstwahrscheinlich schlechtere Chancen, da Sie dann aufgrund des Alters schon beim »Vorsortieren« durchs Raster fallen.

Chiffre-Anzeigen sind generell mit Vorsicht zu genießen, denn dabei wissen Sie durch die Anzeige allein nicht, welche Firma sich dahinter verbirgt. Das macht die Bewerbung an sich schon schwierig, und für Sie als Rentner ist das ein zusätzliches Risiko. Zugegeben, Chiffre-Anzeigen sind heute nicht mehr so häufig, aber wenn, dann sind sie oft zwiespältiger Natur. Häufig stellen sich dabei die Firmen (oder wer auch immer sich dahinter verbirgt) besser dar, als sie sind, bieten beispielsweise leicht verdientes Geld oder bequeme Arbeiten »von zu Hause aus« an.

Beim genaueren Studium der Anzeigen heißt es dann Farbe bekennen: Sind Sie die richtige Frau/der richtige Mann für den Job? Oder umgekehrt: Hat die Firma den richtigen Job für Sie?

Beginnen Sie mit den **Qualifikationen.** Natürlich suchen Firmen den »idealen« Bewerber – doch den gibt es in der Regel im wahren Leben sowieso nicht. Aber 80 Prozent der Anforderungen sollten Sie schon vorweisen können, um ins Schema zu passen. In den meisten Fällen umfasst die Voraussetzungsbeschreibung eines Job vier Kriterien:

1. Ausbildung, die zum Job passt
2. Zusatzqualifikationen (zum Beispiel Computer- oder Sprachkenntnisse)
3. Berufserfahrung
4. persönliche Eigenschaften

Bei älteren Bewerbern ist es zumeist so, dass sie drei von diesen vier Kriterien leicht erfüllen, nämlich Berufserfahrung, Ausbildung und persönliche Eigenschaften. Bei Zusatzqualifikationen kann unter Umständen ein Problem auftreten, weil die, die man hat, »veraltet« oder »eingerostet« sind. Zusätzlich wird manchmal noch ein »Idealalter« angegeben, und das stellt in der Regel die größte Hürde dar. Weil sich am Alter nichts ändern lässt, sollten die anderen Anforderungen möglichst gut passen, sonst kann man die Bewerbung getrost sein lassen. Wie Sie Ihr Alter bei einer Bewerbung am besten »verkaufen«, erfahren Sie in diesem Kapitel auf Seite 100.

Die nächste Frage ist natürlich: Ist der Job auch der richtige für Sie? Das heißt: Hat die Firma all das zu bieten, was Sie sich wünschen. Lesen Sie die **Darstellung der Stelle** selbstbewusst kritisch, seien Sie wählerisch, schließlich wollen Sie ja nicht irgendeinen Job, sondern genau den richtigen, der zu Ihnen, zu Ihren Wünschen und zu den Erfordernissen Ihrer Rentensituation passt.

So enträtseln Sie ein Stellenangebot

Inserate haben Ihre eigene Sprache und um diese richtig zu verstehen, muss man sie oft erst einmal »gegen den Strich bürsten«. Hier ein paar Beispiele:

- »Freude an sorgfältiger Arbeit« beispielsweise schließt ein gewisses Maß an Pedanterie ein.
- Verspricht eine Firma »tägliche Detailaufgaben« erwartet Sie vermutlich ein langweiliger Routinejob.
- Fordert man vom Bewerber »dynamischen Einsatz« deutet das auf einen stressigen Arbeitstag mit vielen Überstunden hin.
- »Enge Zusammenarbeit mit dem Chef« lässt vermuten, dass Sie wenig Eigenverantwortung haben werden.

Manche Anzeigen hüllen sich gerne in einen schwer zu durchschauenden Wortnebel. Hinter einer »leitenden Funktion« ohne genaue Spezifikation kann sich so ziemlich alles verbergen, und die häufig verwendete Floskel »Freude am Umgang mit Menschen« ist ebenso schwammig. Solche Formulierungen werden gerne eingebaut, um dem Bewerber möglichst viel über sich zu entlocken, denn wenn man nicht genau weiß, was sich hinter einer Formulierung verbirgt, gerät man schon mal ins Plaudern. Und das verrät dann dem Personalchef quasi durch die Hintertür auch wieder etwas über den Bewerber.

Nun ist es ja auch im Alter oft so, dass man sich für etwas interessiert, ohne dafür gleich qualifiziert zu sein. Dann kommt es auf ein gekonnt-überzeugendes Bewerbungsschreiben an, bei dem man Qualifikationen zwar anführt, aber neu im Sinne des Stellenangebots interpretiert. Darüber erfahren Sie mehr ab Seite 99. Und manchmal lenkt man den Blick im Alter auch zu sehr auf Jobs, die unter der eigenen Qualifikation liegen, weil man damit mehr Ruhe verbindet und weniger Verantwortung oder auch, weil man sich diese eher zutraut. Falls Sie auch dazu neigen, dann verlieren Sie dabei jedenfalls nicht aus den Augen, dass Chefs es nicht so gerne haben, wenn ein Angestellter höher qualifiziert ist als unter Umständen sie selbst.

Inserat aufgeben

Die eigene Haut zu Markte tragen und Ihre Arbeitskraft aktiv anbieten, das können Sie natürlich auch – indem Sie unter der Rubrik »Stellengesuche« inserieren. Sie geben in einer Zeitung oder Zeitschrift ein Eigeninserat auf in der Hoffnung, dass eine Firma Interesse an Ihrem Angebot findet und sich bei Ihnen melden wird. Es gibt leider keine statistischen Erhebungen, wie erfolgversprechend solche Anzeigen sind, allerdings werden Sie eher von kleinen bis mittelständischen Unternehmen gelesen und zur Besetzung von freien Stellen genutzt.

Ob Ihre Anzeige ein Erfolg oder ein Flop wird, hängt davon ab, was Sie in wenigen Worten »anbieten« können. Berufliche Fähigkeiten, die rar sind, Zusatzqualifikationen, die nicht jeder hat, können solch einen Interessenten finden. Oder Ihre Anzeige bringt einen Leser überhaupt erst auf die Idee, in Hinblick auf eine spezielle Tätigkeit den »erfahrenen Rentner« zumindest einmal zum Gespräch einzuladen. Allerdings kann es auch sein, dass sich niemand für die Anzeige interessiert – erst einmal.

Ein Eigeninserat lohnt sich, wenn …

1. Sie etwas »zu bieten« haben, was nur wenige andere vorweisen können;
2. Sie es verstehen, das Interesse an Ihrer Person zu wecken.

Letztlich hängt alles vom Verfassen des Anzeigentextes ab – und das ist gar nicht einfach, und auch ein gelungener Text ist keine Erfolgsgarantie. So gehen Sie am besten an ein Eigeninserat heran:

Schritt 1: Wo Sie am besten inserieren, hängt davon ab, **wen** Sie mit der Anzeige ansprechen wollen. Wenn Sie vorrangig eine bestimmte Branche im Auge haben, dann inserieren Sie in einem brancheninternen Blatt, wenn Sie an einen Ort gebunden sind, in einer regionalen Zeitung. Überlegen Sie also zuerst, welche Zeitungen oder Zeitschriften Ihre potenziellen Arbeitgeber am ehesten lesen.

Schritt 2: So offen Sie unter Umständen Ihre Anzeige formulieren, so zurückhaltend sollten Sie mit Ihren persönlichen Angaben sein. Hierbei die Möglichkeit der **Chiffre-Anzeige** zu nutzen ist durchaus legitim. Nur so können Sie sich vor unliebsamen Reaktionen auf ihre Anzeige schützen.

Schritt 3: Im Gegensatz zu den imposanten Stellenangeboten werden Stellengesuche generell in der **Rubrik »Kleinanzeigen«**

gedruckt. Das bedeutet, der Platz, der Ihnen zur Verfügung steht, ist entsprechend knapp bemessen. Eine Standardanzeige hat eine Überschrift und sechs Zeilen – nicht gerade viel, um einen potenziellen Arbeitgeber von sich zu überzeugen. Erkundigen Sie sich vorab, wie viel solch ein Stellengesuch kostet. Auch wenn Sie gern etwas mehr investieren möchten, bewahren Sie Augenmaß. Übergroße Anzeigenformate als die übliche Größe eines Stellengesuchs wecken eher Misstrauen denn Interesse.

Schritt 4: Die schwierigste Aufgabe ist es, den **Anzeigentext** so zu **formulieren**, dass er sowohl ausreichende Informationen über Sie als auch Vorstellungen von Ihrem neuen Tätigkeitsbereich enthält. Gehen Sie dabei nach genauem Plan vor und formulieren Sie mehrere Varianten. Folgende Informationen muss die Anzeige enthalten:

- Qualifikation bzw. Beruf
- Geschlecht
- angestrebte Tätigkeit
- Zeitpunkt des möglichen Arbeitsbeginns

Eigentlich darf man den interessierten Leser der Anzeige auch über das Alter nicht uninformiert lassen, doch in Ihrem Fall ist das eine milde Unterlassungssünde. Allerdings sollte man schon eine Andeutung dazu machen, dass man nicht mehr so jung ist. »Rüstiger Rentner/Agile Rentnerin mit freier Zeiteinteilung sucht neue Herausforderung…« wäre für den Anfang ja schon mal nicht schlecht.

Faustregel für die Formulierung: Werden Sie so konkret wie möglich. Angewendet auf das oben begonnene Beispiel heißt das, dass Sie zumindest genau beschreiben müssen, worin Sie eine »neue Herausforderung« sehen würden bzw. was Sie unter »freier Zeiteinteilung« verstehen. Am besten konzentriert man sich zunächst einmal auf die wichtigsten und für den Leser interessantesten Angaben, denn man sucht ja schließlich keinen neuen Partner fürs Leben, sondern macht einem künftigen Arbeitgeber ein konkretes Angebot.

Zwei Anzeigenbeispiele

Chefsekretärin im Ruhestand sucht verantwortungsvolle Nebentätigkeit (18 Std./Woche) in kleinerem Unternehmen. Besondere Fähigkeiten: gute Computerkenntnisse, selbstständ. Arbeiten gewöhnt, Organisationstalent, Verhandlungsgeschick, gute Englisch- u. Spanisch-Kenntnisse, Spaß an kreativer Herausforderung.
Angebote unter ...
Bewertung: Knapp, sachlich, auf den Punkt gebracht. Man weiß, was sie will und was sie kann.

Wer suchet, der findet ... Rüstiger Rentner mit freier Zeiteinteilung sucht neue Herausforderung. Früher: Finanzbranche, morgen? Kenntnisse: Computer, Sprachen (Engl., Franz.). Kontaktfreudig. Langjährige Berufs- und Auslandserfahrung.
Zuschriften unter...
Bewertung: Er sagt viel, doch man erfährt (zu) wenig. Größtes Manko: Es wird nicht deutlich, was er eigentlich sucht und wie viel Zeit er verfügbar hat.

Schritt 5: Das Inserat erscheint – und dann? Jetzt brauchen Sie Geduld, denn auf Stellengesuche wird oft mit Verzögerung geantwortet. Zwei bis drei Wochen können ins Land gehen, bevor Sie überhaupt eine Reaktion auf Ihre Anzeige erhalten (diese wird Ihnen dann von der Zeitung zugeschickt). Seien Sie nicht allzu enttäuscht, wenn sich niemand oder nur wenige melden! Vielleicht war es nicht der richtige Zeitpunkt oder Sie sollten noch mal am Text feilen.

Gründe, warum Ihr Eigeninserat gescheitert sein könnte

- **Ihr Inserat war nicht konkret genug formuliert.** Wenn Sie sich die beiden (etwas überzeichneten) Beispiele anschauen, wird deutlich, was damit gemeint ist. Womöglich konnten die Anzeigenleser auch mit Ihren Angaben nichts anfangen. Versuchen Sie es noch einmal.
- **Das, was Sie zu bieten hatten, war momentan nicht gefragt.** Das klingt bitter, aber vielleicht sollten Sie noch mal über eine Nische nachdenken, die Ihr Angebot attraktiver macht.
- **Sie haben zu indifferente Aussagen gemacht.** Beispiel: Vielleicht waren Sie früher Chefsekretärin und wollen jetzt aber Ihre kunsthistorischen Fähigkeiten an den Mann bringen, oder Sie waren bei der Bank beschäftigt und wollen sich jetzt als Landschaftsgärtner betätigen. Beides passt für den Leser nicht zusammen, aber natürlich macht er sich nicht die Mühe, sich Klarheit zu verschaffen. Die hätten Sie bieten müssen. Egal, was Sie waren, wenn Sie die Branche wechseln wollen, dann beschränken Sie sich auf Qualifikationen im angestrebten Bereich.
- **Vielleicht hatten Sie zu viel Konkurrenz.** Schauen Sie sich das Umfeld an, in dem Ihre Anzeige erschienen ist. Vielleicht gab es zu viele ähnliche Anzeigen und Ihr Inserat wurde deshalb zu wenig beachtet.

Jobangebote via Internet nutzen

Früher waren Zeitungsannoncen zur Stellensuche bzw. für Stellenangebote der einzige Weg (abgesehen vom Arbeitsamt), wie Arbeitgeber und Arbeitnehmer zusammenfinden konnten. Inzwischen macht das Internet den klassischen Druckmedien Konkurrenz und leistet beiden Seiten gute Dienste. Es gibt dabei unterschiedliche Ansatzpunkte, die das Internet zur Jobsuche bietet:

1. Stellenanzeigen/-gesuche über die Internetseiten von Tageszeitungen
2. Jobausschreibungen bestimmter Unternehmen über deren Homepages
3. Jobbörsen im Internet

In den **Online-Ausgaben von Tageszeitungen und Fachzeitschriften** gibt es – wie in den gedruckten Versionen – ebenfalls einen Stellenmarkt, den man nach interessanten Angeboten durchforsten kann (vgl. oben) oder für den man ein Stellengesuch aufgeben kann. Der Vorteil für Sie: Sie können regelmäßig mehrere Zeitungen und Zeitschriften durchsuchen, ohne alle kaufen zu müssen. Die Suche können Sie sich erleichtern, indem Sie Suchbegriffe eingeben und dadurch schneller zum Ziel kommen. Sie kommen zu den Stellenangeboten über die Homepage der Tageszeitung und dann weiter zum Stichwort »Service«, »Anzeigen« und/oder »Marktplatz«. Sie können dann eine Vorauswahl treffen, indem Sie die Branche oder das Berufsfeld vorgeben bzw. aus einer Liste auswählen.

Haben Sie ein bestimmtes Unternehmen im Auge, wissen Sie genau, in welcher Branche Sie tätig sein wollen, dann lohnt sich immer der Blick auf die entsprechenden **Internetseiten der Firmen**. Dort gibt es fast immer eine Rubrik »Stellenangebote«, die man anklicken kann. Von da ist es nur ein kleiner »Klick« zur Bewerbung per E-Mail (später in diesem Kapitel). Solche Angebote haben den Vorteil, dass man relativ schnell zum Ziel seiner Wünsche kommt und sich zugleich ausführlich über den gewünschten Arbeitgeber informieren kann. Das ist übrigens jedenfalls auch dann zu empfehlen, wenn man sich auf anderem Weg bei einem Unternehmen bewirbt. Denn wer sich über die Firma vorab informiert, suggeriert später beim direkten Kontakt lebhaftes Interesse.

Zudem können Sie sich in verschiedenen **Jobbörsen im Inter-**

net informieren, welche offenen Stellen zur Verfügung stehen. Man sollte sich die Zeit nehmen und erst einmal ausführlich auf den Seiten stöbern, bevor man sich bei einem Internetanbieter registrieren lässt (falls das überhaupt notwendig ist).

Wie in der klassischen Zeitungslandschaft hat man auch hier die Möglichkeit, einerseits Angebote anzuschauen und andererseits ein eigenes »Suchprofil« zu erstellen, was dann einem Stellengesuch gleichkommt.

Zwar wird älteren Menschen gerne nachgesagt, dass sie keinen rechten Sinn für solchen neuen technischen Schnickschnack haben, aber es wäre jedenfalls genau der richtige Zeitpunkt, dass Sie sich als Computerkenner outen, indem Sie sich online umschauen.

> **Vorsicht**: Es gibt sowohl kostenlose als auch kostenpflichtige Job-Portale. Nutzen Sie zunächst unbedingt kostenfreie Zugangsmöglichkeiten, auch wenn die zu bezahlenden vollmundig bessere Chancen versprechen.

Schritt für Schritt erfolgreich suchen

Schritt 1: Wenn Sie sich so auf die Suche machen, müssen Sie Zeit einplanen. Unter allgemeinen Suchbegriffen wie »Jobbörse« erwarten Sie viele unterschiedliche Anbieter.

Schritt 2: Grenzen Sie Ihre Suche sinnvoll ein! Fügen Sie zum allgemeinen Begriff »Jobbörse« oder »Stellenmarkt« einschränkende Begriffe hinzu. Es gibt Online-Stellenbörsen, die sowohl bundesweit agieren als auch nur für einzelne Regionen zuständig sind oder sich auf Branchen oder Berufszweige spezialisiert haben.

Schritt 3: Konzentrieren Sie Ihre Jobsuche auf die Umgebung Ihres Wohnortes! Ein guter Link ist dazu www.meinestadt.de. Die dort aufgeführten Stellenangebote werden in Zusammenarbeit mit der Bundesagentur für Arbeit eingestellt.

Hinter den Angeboten steht auch gleich die Entfernung (in Kilometern) zu Ihrem Wohnort.

Schritt 4: Lernen Sie Branchen und Berufsfelder besser kennen! Ein Problem stellt manchmal die Handhabung der Suchfunktionen dar, denn es müssen Branchen oder Berufsfelder eingegeben werden, nach denen dann die Angebote sortiert werden. Manchmal braucht man etwas Fantasie, um auf die Suchbegriffe zu kommen, die dann zu wirklich sinnvollen Angeboten führen.

Beispiel: Suchbegriffe eingeben
Sie wollen anderen helfen, zum Beispiel indem Sie spezielle Kenntnisse weitergeben. Beruf wäre also »Lehrer«, geben Sie aber auch verwandte Suchbegriffe ein, wie beispielsweise »Soziales«, »Erziehung«, »Therapie«, »Kinder-, Jugend- oder Erwachsenenbildung«, »Beratung von Unternehmen« und außerdem das Fachgebiet über das Sie »lehren« möchten.

Schritt 5: Achten Sie darauf, wann die Anzeigen ins Netz gestellt wurden, und prüfen Sie, ob das Angebot noch aktuell ist. Denn nicht immer sind Onlinestellenbörsen auf dem neuesten Stand. Sie locken mit tausenden lukrativen Stellenangeboten und versprechen Bewerbern beste Chancen. In der Realität sieht das jedoch oft anders aus, denn es mag zwar tausende Angebote geben, die meisten davon sind jedoch womöglich nicht mehr aktuell. Machen Sie sich die Mühe, den potenziellen Arbeitgeber telefonisch oder per E-Mail zu kontaktieren.

Schritt 6: Behalten Sie die Kosten im Blick! Kostenlos ist bei Online-Stellenportalen der Einblick in die Stellenangebote, aber auch das Erstellen eines eigenen Profils (eines Stellengesuchs) kostet zumeist nichts. Die meisten Anbieter finanzieren sich über die Firmen und Unternehmen, die Angebote einstellen bzw. Zugriff auf Bewerberdaten erhalten wollen. Vergewissern

Sie sich jedoch, bevor Sie auf einer Webseite aktiv werden, ob bzw. in welchem Fall Kosten entstehen.

Schritt 7: Spezialisierte Jobbörsen nutzen! Die größten Chancen, schnell ans Ziel zu kommen, haben Sie in spezialisierten Jobbörsen für bestimmte Branchen und Berufsfelder. Das alles setzt natürlich voraus, dass Sie wissen, **was** Sie wollen und **wo** der Job sein soll, der Sie interessiert.

Schritt 8: Haben Sie dann ein interessantes Angebot gefunden, **drucken Sie dieses gleich aus.** Das erspart im Nachhinein eine mühsame Suche, wenn Sie darauf zurückkommen wollen.

Schritt 9: Nutzen Sie den kostenlosen Informationsservice, den viele Jobbörsen anbieten. Demnach werden Sie per E-Mail informiert, wenn ein Job, der Ihren Vorstellungen entspricht, ins Netz gestellt wird.

Arbeitsvermittler einschalten

Normalerweise beauftragen große Firmen so genannte Personalberatungen mit der Auswahl von Bewerbern. Wie schon erwähnt sind Anzeigen, die über Agenturen laufen, für arbeitswillige Senioren weniger gut geeignet, weil sie dabei schon allein wegen des Alters durchs Raster fallen. In der Regel bezahlen die Auftraggeber, also die Firmen, bei Vermittlungserfolg die Arbeit der Agenturen.

Aber es kann unter Umständen bei manchen Agenturen auch andersherum funktionieren, vorausgesetzt, Sie möchten sich Ihre berufliche Zukunft etwas kosten lassen. Weil fragen nichts kostet, können Sie Kontakt zu einer solchen Agentur aufnehmen und sich erkundigen, ob diese Ihnen bei der Stellensuche behilflich sein kann und, wenn ja, wie viel das kostet. Diese Ausgaben lohnen sich allerdings nur, wenn man eine Beschäftigung im »oberen Marktsegment« anstrebt oder über ganz spezielle Fähigkeiten oder Kenntnisse verfügt, die es auf dem Markt nur selten gibt.

Betrachten Sie Angebote, dass man Ihnen – natürlich gegen Honorar – bei der Erstellung Ihrer Bewerbungsunterlagen behilflich sein kann, kritisch. Vielleicht überwinden Sie Ihre mögliche Unsicherheit wegen Ihrer Bewerbung auch durch eigenständiges Tun und vielleicht zahlen Sie lieber »Lehrgeld« in der Form, dass Sie Zeit für Ihre eigenen Erfahrungen investieren?

Eine weitere Variante der Arbeitsvermittlung bieten die **Zeitarbeitsagenturen**. Diese sind darauf spezialisiert, Arbeitskräfte an Firmen »auszuleihen«. Wer sich bei einer Zeitarbeitsagentur bewirbt, schließt einen Arbeitsvertrag mit dieser ab und wird dann an Unternehmen weitervermittelt, um Krankheits- oder Urlaubsvertretungen zu übernehmen. Besonders begehrt sind dabei Menschen, die eine kaufmännische Ausbildung haben, sich mit Büromanagement auskennen oder Computerfachleute.

Beziehungen spielen lassen

Auch durch Empfehlungen und Beziehungen, »Vitamin B«, kann man zu einer sinnvollen Beschäftigung im Alter kommen. Wahrscheinlich ist das sogar die schnellste und effektivste Vorgehensweise. Wer so lange im Beruf war, kennt jede Menge Leute und auch Personalentscheider. Sie glauben, Sie haben keine Kontakte? Irrtum, jeder hat Kontakte und jeder kann sie nutzen. Das ist nichts Anrüchiges. Wichtig ist nur, dass Sie richtig an die Sache herangehen. Und zwar so:

- Wen können Sie ansprechen?
- Wie bzw. wofür wollen Sie die Kontakte nutzen?
- Wie »verkaufen« Sie ihr Anliegen richtig?

Zuerst machen Sie mal eine Liste von Menschen, die Ihnen vielleicht helfen können. Dabei geht es nicht nur um Menschen, die Sie durch Ihre frühere Berufstätigkeit kennen, sondern auch um Freunde, Verwandte und Bekannte, die vielleicht wiederum Kontakt zu Firmen haben, die für Sie von Interesse sind. Machen

Sie eine Liste mit Namen, notieren Sie dazu Berufe und, falls bekannt, die jeweiligen Arbeitgeber. Wahrscheinlich entsteht dadurch vor Ihren Augen ein sogar Sie selbst überraschendes großes Netz von sozialen Kontakten, das (nicht nur) für die Arbeitssuche sehr spannend und interessant ist. Dann setzen Sie Prioritäten: Welcher Kontakt ist vielversprechend, wo lohnt es sich nachzuhaken?

Die nächsten Schritte wollen gut überlegt sein!

Planvoll vorgehen: Bevor Sie zum Telefon greifen, denken Sie über eine Gesprächsstrategie nach. Die Kernfragen, wie schon so oft, sind: Was wollen Sie, was können Sie und was wollen Sie damit beruflich anfangen?

Logische Begründung für Ihr Anliegen finden: Je nachdem, wie gut Sie Ihren Ansprechpartner kennen, sollten Sie schon vorab sorgfältig überlegen, welche Fragen auf Sie zukommen und wie Sie darauf antworten. Manchmal ist es nicht so sinnvoll, gleich mit der ganzen Wahrheit herauszurücken. Weder »Meine Rente reicht vorne und hinten nicht«, noch »Mir fällt zu Hause die Decke auf den Kopf« sind zugkräftige Argumente. Für ein Entree darf es ruhig ein wenig weit gefasst sein: »Ich fühle mich noch nicht alt genug, um mich beim Seniorenausflug zu amüsieren.« – »Mir fehlt der Kontakt zu anderen Menschen.« – »Ich möchte so gerne etwas Sinnvolles tun.«

Nicht mit der Tür ins Haus fallen: Niemand fühlt sich gerne ausgenutzt, deshalb sollten Sie auf alle Fälle Zeit für ein bisschen Small Talk einkalkulieren. Überlegen Sie schon vor dem Gespräch, welche Gemeinsamkeiten sie verbinden, worüber Sie plaudern würden, wenn Sie kein konkretes Anliegen hätten.

Abfuhr einkalkulieren: Sie sollten besser nicht davon ausgehen, dass Sie gleich beim ersten Anruf erfolgreich sind. Oft genügt es schon, wenn Ihr Anliegen »wohlwollend« angenommen wird und ihr Kontakt verspricht, sich umzuhören und sich dann wieder zu melden.

Beziehungen nutzen heißt Beziehungen pflegen: Im Fachjargon spricht man von »Networking«, was so viel bedeutet wie

»an einem Netz zu arbeiten«. Ein gutes Netzwerk besteht aus gut gepflegten Beziehungen. Sie werden Ihre Beziehungen also (weiterhin) lebendig gestalten und erhalten. Davon abgesehen, dass soziale Kontakte nie schaden, kann man sie nutzen, um neue Kontakte aufzubauen. Und vielleicht fällt ja dabei eine sinn- und geldbringende Tätigkeit ab.

Initiativbewerbung ausprobieren

Wie der Name schon suggeriert, warten Sie in diesem Fall nicht, bis Sie von einem Job erfahren, sondern bewerben sich unaufgefordert selbst. Das hat den Vorteil, dass Sie sich nicht an ein Anforderungsprofil anpassen müssen, sondern sich ganz und gar auf Ihre Qualitäten konzentrieren können. Bei der Initiativbewerbung kommt es darauf an, kurz, knapp und sachlich Ihr Anliegen zu schildern und zu begründen. Solch ein Brief sollte nicht länger als zwei Seiten sein, einen knappen Lebenslauf und eventuell ein Foto enthalten.

Erklären Sie: Was Sie wollen, was Sie können und an welchem Job Sie interessiert sind. Es ist ganz wichtig, eine klare Argumentation zu formulieren, warum Sie sich gerade bei diesem Arbeitgeber bewerben.

Die Vorteile einer Initiativbewerbung liegen auf der Hand:

- Sie verschaffen sich einen Wettbewerbsvorteil für Positionen, die noch nicht ausgeschrieben sind.
- Sie zeigen Engagement, Initiative und Motivation.
- Sie wecken Interesse an Ihrer Person, und es ergibt sich vielleicht eine Gelegenheit, neue Kontakte zu knüpfen.

Initiativbewerbungen sind für viele Menschen eine große Herausforderung, denn man muss Werbung in eigener Sache machen. Aber nicht nur das, man muss sich auch gut über das Unternehmen, den potenziellen Arbeitgeber, informieren, um die richtigen Argumente zu finden. Im Idealfall kreieren Sie Ihre neue Position selbst, indem Sie Bedürfnisse wecken – das Bedürfnis, Sie kennenzulernen, oder das Bedürfnis, sich Ihre Initiative und Tatkraft zu Nutze zu machen. So kommen Sie Schritt für Schritt zum Erfolg …

Schritt 1: Am Anfang steht die **Auswahl der Branche oder des Unternehmens**, bei dem Sie sich bewerben möchten. Schauen Sie sich Unternehmensstruktur, Produktpalette und Profil genau an und analysieren Sie, wo Ihr Platz im Unternehmen sein könnte. Das Internet ist dabei sehr hilfreich.

Schritt 2: Um mit dem Unternehmen **in Kontakt** zu **treten**, haben Sie zwei Möglichkeiten – telefonisch oder schriftlich. Entscheiden Sie, was Ihnen besser liegt.

Schritt 3: Sollten Sie sich für den schriftlichen Weg entschieden haben, kommt es ganz und gar auf Ihr **Anschreiben** an. Formulieren Sie kurz und präzise Ihre Qualifikation, Ihre Ziele, und – absolutes Muss – lassen Sie den Briefempfänger nicht im Unklaren, warum Sie gerade dieses Unternehmen ausgewählt haben.

Am **Telefon** kann alles ganz schnell gehen, Sieg oder Niederlage liegen ganz nah beieinander. Es kommt zum einen darauf an, den richtigen Ansprechpartner zu finden, und zum anderen, diesen auch noch in guter Laune und mit etwas Zeit zu erwischen. Wenn Sie diesen Weg wählen, bereiten Sie das Gespräch gut vor. Und seien Sie nicht enttäuscht, wenn man Sie vertröstet oder Sie bittet, Ihr Anliegen schriftlich vorzutragen.

Alternative: Eine Initiativbewerbung per E-Mail ist auch eine Möglichkeit. Dabei kommt es – ähnlich wie bei der schriftlichen Bewerbung – ganz auf den Inhalt des Anschreibens an. (Mehr dazu lesen Sie in diesem Kapitel ab Seite 108.)

Kann die Bundesagentur für Arbeit weiterhelfen?

Wer Rente bezieht, wird nicht als Arbeit suchend registriert. Das ist gut für die Arbeitslosenquote, aber schlecht für Sie. Einzig bei der Vermittlung von Gelegenheitsjobs (z. B. als Weihnachtsmann) kann man auf die Unterstützung der Arbeitsagentur zählen. Auch die Bundesregierung bestätigt dies in der Drucksache 16/5461. Darin geht es insbesondere um so genannte Zwangsverrentete, um Menschen, die kurz vor der Rente arbeitslos wurden und aus der Arbeitsförderung herausfallen: »Es trifft zu, dass ältere Erwerbslose, die eine Rente beziehen …, keinen Anspruch auf berufliche Eingliederungsmaßnahmen … haben.«[12]

Schriftliche Bewerbung: So haben Sie Erfolg

Eine erfolgreiche Bewerbung auf den Weg zu bringen ist ein anstrengendes, aber auch interessantes Erlebnis. Wahrscheinlich ist es schon eine Weile her, dass Sie sich so um eine Stelle bemühen mussten. Unter Umständen fühlen Sie sich jetzt angesichts dieses Buchteils entmutigt und frustriert, machen sich Gedanken darüber, ob der ganze Aufwand die Mühe lohnt.

Seien Sie beruhigt, Aufwand und Mühe lohnen sich! Und ganz abgesehen von Ihrem eigentlichen Ansinnen, gewinnen Sie eine wertvolle Erfahrung, wenn Sie im Zuge der Bewerbung nach festen Vorgaben Ihr Leben Revue passieren lassen.

Zu einer schriftlichen Bewerbung gehören

- Anschreiben (Bewerbungsbrief)
- Foto
- Lebenslauf
- Zeugnisse
- Arbeitsproben, Referenzen u. ä.

Dabei ist es durchaus natürlich, wenn Sie erst einmal davor zurückschrecken, in Ihrem Alter noch eine Bewerbung aufzusetzen. Wahrscheinlich liegt Ihnen allein schon das Anschreiben schwer im Magen. Wie erkläre ich schlüssig, dass ich in meinem Alter noch einen Job suche? Wird nicht jeder denken: Der/Die soll doch froh sein, endlich in Rente zu sein? – Belasten Sie sich nicht mit derart tiefgreifenden Fragen! Gehen Sie die Sache besser offensiv an: Sie können nur gewinnen und haben nichts zu verlieren!

Jugendwahn kontra Fachkräftemangel

Die Nachfrage nach jugendlichen Mitarbeitern ist in vielen Branchen noch weit verbreitet. Gesucht werden häufig »Mitarbeiter für ein junges Team«, selten wird nach einer »versierten Fachkraft mit Berufserfahrung« gefahndet. Doch das Blatt wendet sich seit einiger Zeit, denn der Fachkräftemangel wird bereits schmerzhaft bemerkt. Weil es in bestimmten Sparten zu wenige qualifizierte junge Fachkräfte gibt, besinnt man sich in manchen Unternehmen auf Tugenden wie Beständigkeit und Erfahrung. Für die Firmen ist es wichtig, Fachkräfte zu halten, und in puncto Beständigkeit sind ältere Arbeitnehmer einfach zuverlässiger. Die Fluktuation ist unter jüngeren Arbeitnehmern höher und dementsprechend muss immer wieder Zeit und Geld für neue Stellenausschreibungen investiert werden. Insbesondere der Personalmangel im Ingenieurwesen führt bereits in anderen europäischen Ländern dazu, dass man solche Positionen gezielt mit älteren Mitarbeitern besetzt. Der Rest Europas wird sicherlich bald nachziehen.

Allerdings hat nicht jeder eine solch fundierte und gesuchte Ausbildung zu bieten. Dann gilt es, die Vorurteile systematisch zu entkräften.

Das bedeutet in erste Linie: Stellen Sie sich nicht selbst ein Bein, indem Sie Ihr Alter in den Fokus der Bewerbung rücken.

Verschweigen können Sie es nicht, denn schließlich offenbart der Lebenslauf ohnehin die Tatsachen, aber man muss es ja nicht selbst im Anschreiben direkt manifestieren.

Sammeln Sie also Argumente, die für Sie sprechen, und verpacken Sie diese in geschickte Formulierungen. Einige Beispiele:

Ihre Argumente	**Mögliche Formulierungen**
Gute Qualifikation	»Ich bin ausgebildeter Techniker und verfüge über viele Jahre Berufserfahrung. Ich kenne die Branche bestens.«
Menschenkenntnis und Führungsqualitäten	»Meine langjährige berufliche Praxis brachte es mit sich, dass ich mit vielen unterschiedlichen Menschen zusammengearbeitet habe. Ich bin daher sowohl teamfähig als auch in der Lage, ein Team zu führen.«
Beständigkeit	»Sie suchen eine Mitarbeiterin, auf die Sie dauerhaft zählen können? Auf mich können Sie sich verlassen!«
Erfahrung	»Ich möchte mich für diese Position bewerben, da ich genau in diesem Bereich jahrelange Erfahrung habe.«
Bereitschaft, Abstriche zu machen	»Ich bin gerne bereit, trotz meiner langen Berufserfahrung zu einem moderaten Einstiegsgehalt zu arbeiten, damit Sie sich persönlich von meiner Eignung überzeugen können.«

Ihre Argumente	Mögliche Formulierungen
Falsche Ausbildung durch anderweitige Vorbildung wettmachen	»Zwar habe ich eine Ausbildung zur Arzthelferin gemacht und auch einige Jahre in diesem Beruf gearbeitet, aber nachdem ich nach meiner Heirat in die Firma meines Mannes eingestiegen bin, habe ich dort über 20 Jahre die Buchhaltung betreut. Deshalb traue ich mir die Mitarbeit in Ihrem Sekretariat ohne Weiteres zu.«
Großes Interesse, aber keine entsprechende Ausbildung	»Über viele Jahre war ich für den Einkauf in meiner ehemaligen Firma zuständig und habe mir dadurch viel Erfahrung und Fachkenntnis auf diesem Gebiet angeeignet. Deshalb weiß ich auch genau, worauf Ihre Kunden wert legen.«

Das perfekte Anschreiben …

… gibt es nicht. Aber man sollte sich schon Mühe geben, die eigene Person und Qualifikation ins rechte Licht zu rücken. Manchmal fällt es schwer, sich selbst so in den Vordergrund zu stellen, aber wer etwas erreichen will – in diesem Fall Aufmerksamkeit –, der kommt nicht darum herum.

Ein Tipp vorweg: Zäumen Sie das Pferd von hinten auf und beginnen Sie mit dem Ordnen Ihrer Unterlagen, schreiben Sie dann Ihren Lebenslauf und formulieren Sie dann erst das Anschreiben. Warum? – Wenn Sie durch die Vorarbeiten Ihre Qualifikationen und Ihr Berufsleben Revue passieren lassen, stärkt das das Selbstbewusstsein ungemein. Und das spürt man – auch zwischen den Zeilen!

Wenn Sie sich mit Ihrem Anschreiben auf eine Stellenanzeige beziehen, schauen Sie sich diese nochmal genau an. Vor Ihnen liegt sozusagen der »Wunschzettel« des Arbeitsgebers. Oft genug wünscht er sich das Unmögliche, etwa einen Mitarbeiter, höchstens 25 Jahre alt, mit Doktortitel und jahrelanger Berufserfahrung. Weil es den so nicht geben kann, muss man sich von solchen hohen Anforderungen auch nicht abschrecken lassen. Unterscheiden Sie vielmehr zwischen »Muss«-Anforderungen und »Kann«-Anforderungen! Das setzt voraus, dass Sie genau wissen, was man jedenfalls für die ausgeschriebene Stelle mitbringen muss. Wenn Sie es nicht schon wissen, machen Sie sich also schlau. Recherchieren Sie im Internet oder in Branchenblättern über den Berufsstand oder die Firma selbst. Konzentrieren Sie sich auf die Fähigkeiten und Qualifikationen, die Sie tatsächlich haben, und führen Sie für nichts Argumente ins Feld, was ohnehin nicht relevant ist. Zur Erläuterung: Das Alter beispielsweise ist eine »Kann«-Anforderung, wenn hingegen ein Vollzeit-Job ausgeschrieben ist, Sie aber nur halbtags arbeiten wollen, lohnt sich die Mühe der Bewerbung nicht.

Wichtigste Grundregel bei der Bewerbung ist: »Mängel« nicht verschweigen, aber auch nicht überbetonen. Manches lässt sich im Lebenslauf nebenbei auffangen, beispielsweise ein Berufswechsel oder eine »Fehlzeit«. Gravierendere Vorbehalte klärt man allerdings am besten schon im Anschreiben auf. Achten Sie dann darauf, Ihren angeblichen »Mangel« gleich mit einer Stärke zu kompensieren (Beispiele wie im Kasten S. 99).

Experten raten beim Anschreiben dazu, sich an der so genannten AIDA-Methode aus der Werbepsychologie zu orientieren:

A = attention (also Aufmerksamkeit erregen)
I = interest (also Interesse wecken)
D = desire (also den Wunsch wecken, Sie kennenzulernen)
A = action (also in Aktion treten und Sie zum Vorstellungsgespräch einladen)

Die Fragen sind natürlich, wie erregt man Aufmerksamkeit und weckt Interesse, wodurch wird man so interessant, dass der Arbeitgeber zum Hörer greift und sagt: »Sie will ich kennenlernen«?

Grundsätzlich geht das nur, wenn Sie den Empfänger Ihrer Bewerbung neugierig machen. Und zwar so neugierig, dass er quasi nicht anders kann, als Sie zu einem Gespräch zu bitten. Aber: Nicht alle Personalentscheider machen sich die Mühe, überhaupt ein Anschreiben zu lesen, sondern schauen sich gleich die Lebensläufe und Qualifikationsnachweise an. Sie lesen sich erst das Anschreiben durch, wenn sie eine Person bereits zum Gespräch geladen haben und nach Gesprächsstoff suchen.

Ihr Anschreiben gestalten Sie am besten so:

- **Name und Anschrift:** Wenn Sie Briefpapier mit Briefkopf (Namen, Adresse, Telefon- und Faxnummer, E-Mail-Adresse, falls vorhanden) haben, verwenden Sie dieses, ansonsten schreiben Sie diese Angaben in den Briefkopf.
- **Datum:** Das ist selbstverständlich, wird aber in Bewerbungsschreiben oft vergessen.
- **Anschrift der Firma:** Achten sie darauf, dass Name und Anschrift stimmen und korrekt geschrieben sind; falls Sie einen Ansprechpartner haben, benennen Sie ihn korrekt (evtl. Titel »Dr.«, »Prof.« nicht vergessen).
- **Betreff** ist out, das gilt altmodisch und angestaubt. Es reicht, wenn Sie eine Dachzeile ähnliche wie eine Überschrift formulieren (z.B. »Bewerbung als Sekretärin« oder »Ihr Stellenangebot in der xx Zeitung«.
- **Anrede:** »Sehr geehrte Damen und Herren« ist und bleibt korrekt, wenn Sie einen Namen haben, dann richten Sie das Schreiben direkt an diese Person. Übrigens: Nach dem »Sehr geehrte…« kommt ein Komma und in der nächsten Zeile schreibt man klein weiter, ein Ausrufezeichen ist zwar nicht falsch, aber nicht mehr üblich.
- **Der erste Satz** ist der schwierigste, und bereits an dieser Stelle

kann man Minuspunkte sammeln. Verzichten Sie auf umständliche Höflichkeitsformeln, wie »Ich erlaube mir«; »Ich gestatte mir«; »Ich nehme mir die Freiheit«. Formulieren Sie knapp, sachlich und korrekt: »Mit Interesse habe ich Ihre Anzeige gelesen und möchte mich um die Stelle als... bewerben«, »Ich bewerbe mich um...« oder »Ich habe Ihre Stellenanzeige gelesen und denke, Ihre Anforderungen erfüllen zu können.«

- **Ihre Fähigkeiten:** Bleiben Sie bei der Darstellung sachlich und konkret. Orientieren Sie sich an den Profilvorgaben in der Stellenanzeige – nicht übertreiben, aber auch keine Schwächen herausarbeiten. Haben Sie zusätzliche Qualifikationen oder Fähigkeiten, die für den Job nützlich sind, heben Sie diese hervor.
- **Ihre Erfahrungen** schildern Sie ebenso sachlich, aber ausführlicher. Arbeiten Sie dabei jedoch nicht alle Positionen Ihres Lebenslaufs ab, sondern beschränken Sie sich auf das, was für die angestrebte Stelle relevant ist.
- **Wichtige Einzelheiten** sollten Sie kurz vor Schluss anfügen. Also beispielsweise, ab wann Sie zur Verfügung stehen. Wird nach Gehaltsvorstellungen gefragt, antworten Sie realistisch und nicht übertrieben – aber auch nicht untertrieben.
- **Schluss:** Auch hier bieten Sie keine leeren Worthülsen. Schreiben Sie, wie es ist: »Bitte geben Sie mir die Gelegenheit zu einem Vorstellungsgespräch« oder »Ich würde mich freuen, wenn ich mich bei Ihnen vorstellen dürfte.«
- **Grußformel:** Verwenden Sie »Mit freundlichen Grüßen« oder »Mit besten Grüßen« – kein »Hochachtungsvoll« oder Ähnliches.
- **Unterschrift:** Unterschreiben Sie das Anschreiben links unten.
- **Anlagen:** Zählen Sie unter dem Stichwort Anlagen (mit einigen Zeilen Abstand unter Ihrer Unterschrift) auf, welche Unterlagen Ihre Bewerbungsmappe enthält.

Rechtschreibung

Natürlich sollte Ihre Bewerbung in Bezug auf die Rechtschreibung fehlerfrei sein. Seit 2006 sind die Regeln der neuen Rechtschreibung in Kraft getreten. Dennoch gibt es immer noch unterschiedliche Schreibweisen für verschiedene Wörter. Durch einen Blick auf die Homepage der Firma können Sie feststellen, wie man dort formuliert und welche Schreibweisen verwendet werden.

Formal sollte das Anschreiben so gestaltet sein:

- Der Brief darf nicht mehr als eine DIN-A4-Seite beanspruchen. Verwenden Sie weißes Papier bzw. Briefpapier mit vorgedrucktem Briefkopf, wenn Sie eines haben.
- Benutzen Sie einen Computer, wann immer Sie die Möglichkeit haben. Ein sauberes Schriftbild ist besonders wichtig. Wenn Sie selbst keinen PC haben, fragen Sie im Verwandten- und Bekanntenkreis, wer Ihnen helfen kann.
- In einem Anschreiben darf es keine Fehler geben: Lesen Sie selbst sorgfältig Korrektur und bitten Sie zusätzlich eine Freundin oder einen Freund um ein »Fehlerlesen«.
- Gliedern Sie Ihren Brief in überschaubare Abschnitte! Verteilen Sie die Absätze so, dass ein optisch schönes Bild entsteht.
- Für jede Stelle, für die Sie sich bewerben, müssen Sie ein neues, genau auf die Stelle zugeschnittenes Anschreiben verfassen.

Der Lebenslauf

Seit einigen Jahren ist nur noch der **tabellarische Lebenslauf** bei Stellenbewerbungen gebräuchlich. Weil ein Lebenslauf eine Dokumentation Ihres Berufsweges darstellt, sollten Sie alle Stationen (Abschluss, Ausbildungsqualifikation, Karrierestufen) auflisten.

Je älter man wird, desto länger wird ein solcher Lebenslauf. Aber Vorsicht: Zu viel irritiert. In Anbetracht Ihres Alters können Sie Ihre Schulausbildung getrost weglassen, beginnen Sie mit dem Ausbildungsabschluss bzw. mit dem Ende des Hochschulstudiums (oder Ähnlichem).

Formal gestalten Sie einen Lebenslauf so:

- Links untereinander listen Sie die Rubriken auf. Im Kopfbereich sind das der Reihenfolge nach Name, Anschrift, Geburtsdatum und -ort, evtl. Staatsangehörigkeit (sie ist nicht immer erforderlich) und Familienstand; dann folgen Schulabschluss und Ausbildung sowie Arbeitspraxis, Berufsweg oder beruflicher Werdegang. Falls vorhanden, können Sie noch Zusatzqualifikationen anführen oder auf »besondere Kenntnisse« hinweisen.
- Etwa blattmittig füllen Sie die jeweiligen Rubriken mit Ihren persönlichen Angaben.
- Ein Lebenslauf muss immer aktuell sein. Das dokumentieren Sie zum Abschluss mit dem Datum und Ihrer Unterschrift.

Ein Beispiel zur Verdeutlichung

Name:	Martina Müller
Anschrift:	Mühlenweg 1 33333 Mühlhausen
Geburtsdatum und -ort:	29.02.1946 in Köln
Familienstand:	verheiratet, ein Kind
Schulbildung:	1964 allgemeine Hochschulreife am XY-Gymnasium in Mühlheim
Berufsausbildung:	1964 bis 1970 Studium der Philosophie und Germanistik mit Abschluss zum Magister

Arbeitspraxis:	1970 bis 1973 Verwaltungs-angestellte bei der Universität XY
	1973 bis 1985 Familienphase
	1985 bis 2008 Verwaltungs-angestellte an der Volkshoch-schule Mühlhausen

Zudem brauchen Sie ein Foto, und zwar ein gutes: Der Weg zum Fotografen lohnt sich! Lassen Sie sich zusätzlich zu den Fotoabzügen von ihm die gelungenen Bilder auf eine CD brennen, damit sie weitere Abzüge machen können. Das Foto beschriften Sie auf der Rückseite mit Ihrem Namen und Ihrer Anschrift (für den Fall, dass es sich lösen könnte) und kleben es dann mit Papier- oder Fotokleber entweder rechts oben auf die Seite mit dem Lebenslauf oder mittig auf eine Extraseite, die Sie nach dem Lebenslauf in die Mappe einheften.

Grundsätzlich gilt: Sie brauchen ein Foto im Passfotoformat, und das Bild sollte aktuell sein. Das Foto ist sozusagen Ihre Visitenkarte, präsentieren Sie sich entsprechend nicht zu leger, aber auch nicht zu formell.

Ich über mich – die dritte Seite

Durch die strengen Vorgaben für eine perfekte Bewerbung entwickeln Personalentscheider Routine im Sichten von Bewerberunterlagen. Durchschnittlich dauert es eine Minute bis sich ein Chef ein erstes Bild von Ihnen gemacht hat. Um sich aus der Masse der Bewerber hervorzuheben – und schließlich ist ja Ihre Bewerbung etwas ganz Besonderes –, fügen mittlerweile Bewerber oft eine »Seite drei« hinter dem Lebenslauf ein. Diese könnte den Titel tragen: »Ich über mich«, »Zu meiner Bewerbung«, »Was mir wichtig ist« oder

»Was Sie noch wissen sollten«. Thematisch können Sie hier zusammenfassen, was rein formell in einer Bewerbung sonst keinen Platz findet. Also beispielsweise: »Ich bin zwar Rentner, aber gehöre noch nicht zum ›alten Eisen‹.«

Die Zeugnisse

Zeugnisse begleiten uns durch unser Leben. Sie legen Urteil ab über Erfolg und Versagen, stellen schicksalhaft die Weichen für die Zukunft. Die Frage ist nun, wie viel müssen Sie von diesen schicksalhaften Wegbegleitern preisgeben? Was verschweigen, was offenbaren? Tatsache ist, dass Sie um Zeugnisse nicht ganz herum kommen. Aber Tatsache ist ebenso, dass Sie als älterer Bewerber eine gute Auswahl treffen müssen, um nicht zu viel Erklärungsbedarf zu schaffen. Je nachdem, welche Position sie anstreben, welchen Job Sie haben möchten, müssen Sie eine kluge Auswahl treffen. Beschränken Sie sich auf die für Ihr Ziel aussagekräftigsten Unterlagen – auf diejenigen, die etwas über den derzeitigen Stand Ihres Könnens verraten, oder auf Zusatzqualifikationen, die nachweisen, dass Sie auf dem neuesten Wissensstand sind.

Schulzeugnisse können Sie getrost zur Seite legen, das ist wahrlich Vergangenheit. Falls Sie einen Hochschulabschluss haben, der für Ihre neue Position relevant ist, müssen Sie abwägen: In vielen Fällen genügt es, wenn Sie diese Qualifikation im Lebenslauf anführen und in Aussicht stellen, bei Wunsch die entsprechenden Unterlagen nachzureichen. Konzentrieren Sie sich auf die Zeugnisse jüngeren Datums.

Aber was ist, wenn Ihre ursprüngliche Ausbildung so rein gar nichts mit dem künftigen Job zu tun hat oder Sie als völlig überqualifiziert ausweist? Dann gibt es eigentlich nur die Chance, diese wegzulassen und durch eine gelungene »Seite drei« (siehe oben) zu ersetzen.

Statt Zeugnissen: Referenzen

Bei einer Referenz geht es darum, dass Sie einen Fürsprecher anbieten können, der über Sie und Ihre Qualifikationen urteilen kann und Sie für eine bestimmte Tätigkeit empfiehlt. Es sollte eine Person sein, der Sie zwar verbunden sind, die aber nicht – beispielsweise – in einer verwandtschaftlichen Beziehung zu Ihnen steht. Ihr künftiger Chef wünscht sich, wenn er tatsächlich der Referenz nachgeht, einen Gesprächspartner, der Ihre beruflichen Fähigkeiten einschätzen kann und entsprechend bewertet. In Ihrem Sinne sollte die Bewertung natürlich positiv ausfallen.

Die Frage ist: Wie findet man einen solchen Fürsprecher und wie bittet man ihn um seine Referenz, ohne gleich als Aufschneider zu gelten? Da Sie ja bereits in Rente sind, kann es gut sein, dass Sie solch eine kompetente Vertrauensperson in Ihrer alten Firma finden oder unter Kunden, die Sie lange Jahre betreut haben und die Sie als professionellen Geschäftspartner kennengelernt haben.

Wichtig ist vor allem, dass Sie solche Referenzen nicht ohne Einverständnis des Referenzgebers weiterleiten. Sprechen Sie offen über Ihre Zukunftspläne und bitten Sie denjenigen um diesen Gefallen!

So stellen Sie Ihre Unterlagen perfekt zusammen

Ihre Bewerbungsunterlagen sind nun komplett? Dann müssen Sie sie eigentlich nur richtig verpacken. Heften Sie Ihre Unterlagen in eine Mappe. Die Reihenfolge der Papiere:

1. Anschreiben
2. Lebenslauf
3. Foto (und/oder Seite drei)
4. Zeugnisse und Referenzen

Schauen Sie sich Ihre Unterlagen noch mal durch! Sind Anschreiben und Lebenslauf fehlerfrei, unterschrieben und aktuell datiert? Ist das Foto auf der Rückseite beschriftet und richtig aufgeklebt? Stimmt die Reihenfolge der Unterlagen? Sind alle Dokumente in Klarsichthüllen gesteckt? Fassen Sie ihre Unterlagen in einem Schnellhefter zusammen und stecken Sie diesen in einen wattierten oder kartonverstärken Umschlag von ausreichender Größe.

Adressieren Sie den Umschlag an die Firma bzw. an den entsprechenden Ansprechpartner im Unternehmen und vergessen Sie dabei auch nicht, oben in die linke Ecke des Briefes Ihren Absender zu schreiben. Achten Sie unbedingt darauf, dass der Umschlag ausreichend frankiert wird – wenn der Empfänger unter Umständen Nachporto zahlen muss, ist dies für Ihre Bewerbung ein kaum wieder gut zu machender Minuspunkt.

Bewerbung per E-Mail

Die oben beschriebene Bewerbung in Briefform ist immer noch der Standard, allerdings wird es mehr und mehr üblich, Bewerbungen auch per E-Mail mit so genannten Attachments (Anhängen) zu versenden. Natürlich wählen sie diesen Weg nur, wenn es ausdrücklich verlangt wird, oder aber für eine Initiativbewerbung, der dann unter Umständen Bewerbungsunterlagen per Post folgen können.

Ihre E-Mail-Adresse sagt etwas aus!
Für Online-Bewerbungen ist es wichtig, eine seriöse Adressenkennung zu wählen. Gut sind beispielsweise Variationen des Vor- und/oder Nachnamens wie z. B. marliesmeier@web.de; weniger empfehlenswert sind scherzhafte Varianten wie meierliesl@web.de. Denken Sie daran, auch Ihre E-Mail-Adresse verrät etwas über Sie!

Bei einer Bewerbung per E-Mail gehen Sie im Prinzip genauso vor wie oben beschrieben. Es kommt hier allerdings noch mehr auf das Anschreiben an, denn ob der Adressat die Anhänge überhaupt öffnet, dessen kann man nicht gewiss sein. Die wichtigsten Punkte im Überblick …

E-Mail-Anschreiben und -Anhang: Eine Bewerbung per E-Mail kommt einer Kurzbewerbung gleich, deshalb gilt es, das Wichtigste knapp, sachlich und einprägsam zusammenzufassen. Überhäufen Sie den Empfänger Ihrer E-Mail nicht mit einer unübersichtlichen Flut von Anhängen, sondern konzentrieren sie sich auf das Anschreiben, das in der E-Mail selbst formuliert und nicht als Anhang versendet wird. Als einziges Attachement genügt ein ausführlicher Lebenslauf, wobei es benutzerfreundlicher ist, wenn man auch diesen direkt in die E-Mail schreibt.

Wichtig:

- Versenden Sie keine Serien-Mails.
- Füllen Sie die Empfängerzeilen gewissenhaft und korrekt aus.
- Wählen Sie eine möglichst konkrete »Betreff«-Zeile (z.B. »Sekretärin gesucht?«).
- Sprechen Sie den Verantwortlichen direkt an (fragen Sie vorher telefonisch nach, wenn Sie keinen Namen haben).
- Auch eine E-Mail-Bewerbung sollte korrekt und ohne Schreib(tipp)-Fehler sein.
- Es gelten die üblichen Höflichkeitsfloskeln (vgl. oben).
- Auf eine handschriftliche Unterschrift können Sie verzichten – es genügt der vollständige (getippte) Name.

Die äußere Form: Sehr viele Personalentscheider behandeln E-Mail-Bewerbungen wie schriftliche Bewerbungen. Das bedeutet: Sie drucken die Bewerbung aus und sichten sie dann im Papierausdruck. Deshalb ist es wichtig, einfache, klassische Formatierungen zu verwenden und keinen technischen Schnickschnack. Das bedeutet auch: Schrift schwarz auf weiß, Zeilenabstand einzeilig. Langweilig, meinen Sie, wo es doch mit dem

Computer so viele Gestaltungsmöglichkeiten gibt? – Bedenken Sie, dass unter Umständen das E-Mail-Programm des Empfängers so konfiguriert ist, dass es Ihre schön gestaltete Nachricht gar nicht in dem Format lesen kann, in dem Sie es abgesendet haben. Dann erscheint nur ein bunter »Wortsalat« auf dem Bildschirm des Entscheiders, und damit sind Sie aus dem Rennen.

Datei-Anhänge: Falls Sie an ihre E-Mail-Bewerbung Anhänge anfügen möchten (Zeugnisse, Lebenslauf, Arbeitsproben etc.), dann müssen Sie auch auf das Datei-Format dieser Anhänge achten. Mit Word erzeugte Dateien (.doc oder .docxx) werden zwar vielfach verwendet, haben aber den Nachteil, dass sich Layout oder Formatierung (z. B. Schriftarten) bei der Datenübertragung verändern können. Besser ist es, wenn Sie Anhänge unter .rtf speichern (z. B. in Word, unter »Speichern unter«, Option »rtf«). Gängige Formate sind zudem .jpg oder .pdf. Diese garantieren, dass Ihre Anhänge so ankommen, wie Sie sie gestaltet haben.

Zudem bergen Anhänge eventuell das Problem, dass sie unter Umständen beim Empfänger nicht mit vollständigen Dateinamen angezeigt werden. Das bedeutet wiederum für Sie, dass Sie bei der Wahl der Namen dieser Dateien besonders überlegt vorgehen sollten. Wenn verkürzt wird, dann in der Regel auf acht Buchstaben. So erscheint dann auf dem Bildschirm des Empfängers anstatt des ursprünglichen »Anschreiben-Marlies-Müller.doc« nur »Anschrei.doc« oder aus »Lebenslauf-Marlies-Müller.doc« wird »Lebensla.doc«. Benennen Sie Ihre Dateien so, dass sie auch nach einem Abspeichern durch den Empfänger zweifelsfrei zuzuordnen sind.

Folgende Variante ist denkbar: Setzen Sie ans Ende Ihres Anschreibens, das Sie direkt als E-Mail formulieren, den Zusatz »Anhang« und klären Sie an dieser Stelle: »*Müller1.doc* beinhaltet den *Lebenslauf*, *Müller2.jpg* beinhaltet das *Foto*« und so weiter.

Testen Sie Ihre E-Mail!
Nachdem Sie Ihre E-Mail-Bewerbung zusammengestellt haben, schicken Sie diese an eine E-Mail-Adresse eines Freundes oder an die eigene, um zu testen, ob Ihre Bewerbung korrekt übertragen wird und vollständig und in guter Form ankommt.

Bewerbung via Online-Formular

Eine Variation der E-Mail-Bewerbung ist die Bewerbung durch ein Online-Formular. Bei vielen Unternehmen gibt es die Möglichkeit, ein solches Formular zur Kontaktaufnahme mit der Firma zu nutzen. Dabei trifft man auf unterschiedliche Aufmachungen: Einige bieten Rubriken an, die einem Lebenslauf gleichen und die man entsprechend ausfüllt. Fast immer gibt es ein Textfeld für »persönliche Bemerkungen«: In dieses fügen Sie Ihr Anschreiben ein. Vorsicht: Manchmal gibt es zu wenig Platz, deshalb formulieren Sie kurz und sachlich, aber auch kreativ. Gut ist es, wenn Sie einen Text schreiben und diesen dann in das vorhandene Textfeld per Mausklick hineinkopieren.

Eine Spielart sind regelrechte Bewerberfragebögen, die Unternehmen auf ihre Homepage stellen, um Interessenten zu werben. Diesen Fragebögen wird in der Regel mehr Aufmerksamkeit gewidmet als einfachen Kontaktformularen.

Manchmal gelangt man von den Online-Stelleangeboten auf der Homepage eines Unternehmens direkt zu diesen Formularen. Manchmal gibt es die Möglichkeit, diese Online-Formulare durch Datei-Anhänge zu ergänzen – dann tun Sie das (vgl. oben). Wenn nicht, bieten Sie an, wichtige Unterlagen per Post nachzureichen.

Nachdem Sie Ihre Online-Bewerbung abgeschickt haben, erhalten Sie in der Regel eine prompte Empfangsbestätigung. Das sagt nicht viel aus, nur eben dass Ihre Bewerbung eingegangen ist.

Warten auf Antwort

Ganz gleich, wie Sie Ihre Bewerbung auf den Weg gebracht haben, auf eine Wartezeit müssen sie sich einstellen. Eine Reaktion könnte frühestens nach einer Woche erfolgen, doch rechnen Sie nicht damit!

Um die schlimmste mögliche Variante gleich vorwegzunehmen: Es kann natürlich eine Absage kommen. Klar, dass Sie dann enttäuscht sind. Aber eine Absage ist noch lange kein Grund, sich zurückzuziehen oder die Flinte ins Korn zu werfen. Im Gegenteil: Versuchen Sie, eine solche Absage als Chance zu begreifen und den Spieß einfach umzudrehen.

- Was widersinnig erscheint, erweist sich vielleicht als genau richtiger Umweg zum Ziel: **Antworten Sie auf die Absage!** Formulieren Sie ein freundliches Schreiben, in dem Sie zeigen, dass Sie die Entscheidung akzeptieren, aber trotz allem noch mal zusammenfassen, welche Qualitäten Sie mit eingebracht hätten. Vielleicht ist das vergebene Liebesmüh, vielleicht aber auch das Tüpfelchen auf dem i, das den Ausschlag gibt, sich solch einen hartnäckigen Bewerber dennoch anzusehen.
- Vielleicht möchten Sie auf die Absage lieber per Telefon reagieren. Dann sollte Ihr Hauptziel sein, mehr über den Eindruck, den Ihre Unterlagen gemacht haben, zu erfahren. Wenn von der Firmenseite ein konkreter Ablehnungsgrund genannt werden kann, ist die Absage manchmal leichter zu verdauen und man hat etwas für künftige Bewerbungen gelernt.

Das Vorstellungsgespräch: Sie haben Ihr Ziel erreicht!

Natürlich kann auch alles ganz anders kommen und Sie werden zu einem Kennenlernen, zu einem Vorstellungsgespräch eingeladen. Damit haben Sie die erste Hürde genommen, aber die zweite baut sich bereits auf. Wahrscheinlich sind Sie in puncto Vorstellungsgespräche bereits ein bisschen aus der Übung. Wenn Sie die folgenden Kurztipps beherzigen, werden Sie gut für den Termin vorbereitet sein:

- Entspannen Sie sich! Genießen Sie die Ruhe vor dem Sturm und nehmen Sie sich Zeit für die notwendigen Vorbereitungen!
- Informieren Sie sich noch mal gründlich über die Firma, bei der Sie sich vorstellen werden. Sie sollten wissen, was diese anbietet oder herstellt, ob die Firma – aus welchem Grund auch immer – in der öffentlichen Diskussion ist oder war. Und worum es bei der Position geht, die Sie mit Ihrer Bewerbung angestrebt haben, darüber haben Sie natürlich eine klare Vorstellung.
- Planen Sie sorgsam Ihren Weg zum Vorstellungsgespräch oder fahren Sie sogar die Strecke dorthin einmal probehalber ab, damit Sie sich zum Termin rechtzeitig auf den Weg machen, aber auch nicht zu früh vor den Toren stehen.
- Was ziehen Sie an? Die simpelste und zugleich die schwierigste Frage ist die bezüglich der korrekten Kleidung. Es gilt, eine Balance zu finden zwischen elegant und leger, zwischen modisch und dem Alter entsprechend. Mit das Wichtigste dabei ist: Verkleiden Sie sich nicht! Wer in ungewohntem Outfit zum Vorstellungsgespräch erscheint, dem sieht man schnell an, dass er bzw. sie sich nicht ganz wohl darin fühlt.
- Bereiten Sie Ihr Vorstellungsgespräch gründlich vor! Beantworten Sie beispielsweise die unten aufgeführten möglichen Fragen und überlegen Sie sich selbst, welche Fragen Sie an

Ihre Gesprächspartner stellen möchten, um mehr zu erfahren und um das Gespräch nicht zu einseitig ablaufen zu lassen.

Das alles liest sich ganz leicht, ist es aber in der Umsetzung nicht, zumal dann nicht, wenn man wie Sie aus einer Außenseiterposition heraus ins Rennen um den Arbeitsplatz geht. Es ist gut möglich, dass man Sie nur erst einmal kennenlernen möchte und sich dann im nächsten Schritt mit dem Gedanken befasst, was es bedeutet, eine Rentnerin oder einen Rentner zu beschäftigen. Seien Sie also gut informiert (Kapitel 1 und 2 in diesem Buch), wenn es um Fragen der Besteuerung und Sozialversicherung geht. Vermeiden Sie jedoch Besserwisserei!

Um beim Vorstellungsgespräch erfolgreich zu bestehen, brauchen Sie Ausstrahlung, Charakter und Erfahrung. Ein gewisses Quäntchen Glück gehört natürlich auch dazu.

Ausstrahlung: Der Sympathie-Faktor zählt viel

Sympathie ist landläufig etwas, was wir mit »Gefallen« gleichsetzen. Aber ist Sympathie im Berufsleben gleichzusetzen mit der Sympathie im privaten Bereich? Fast – denn die Zutaten sind zwar gleich, doch die Mischung macht den Unterschied. Tatsache ist, dass man auch dieses Gefühl nicht kaufen kann, man muss es sich »verdienen«. Grundsätzlich gilt für das Berufsleben, dass positive Sympathiegefühle jedenfalls immer dann ins Spiel kommen, wenn Ihr Gegenüber den Eindruck gewinnt, Sie könnten ihm oder ihr »nützlich« (für die Karriere, zur Sicherung der eigenen Position, zur Beruhigung des sozialen Gewissens u. Ä.) sein. Im Umkehrschluss folgt daraus, dass Antipathie entsteht, wenn Ihr Gegenüber Sie als eine Gefahr für die eigenen Interessen ansieht. Nun ist es oft so, dass man älteren Bewerbern diesbezüglich mit Zurückhaltung begegnet, weil sie eben einen Vorsprung an Erfahrung, vielleicht auch Kompetenz oder natürlich Alter haben.

Sympathie entsteht am ehesten dadurch, dass wir unserem Gegenüber offen, höflich und freundlich entgegentreten. Das allein genügt natürlich nicht, aber innerhalb weniger Sekunden wird der erste Eindruck festgemacht. Am sympathischsten sind sich Menschen, die etwas gemeinsam haben, sei es in Bezug auf die Persönlichkeitsstruktur, durch Erfahrungen oder biografische Parallelen.

Und genau darin liegt der Unterschied zwischen professioneller und privater Sympathie – man weiß im beruflichen Zusammenhang zu wenig voneinander, als dass man ad hoc Gemeinsamkeiten sehen könnte. Also muss man an einem anderen Punkt ansetzen – und das ist die Ausstrahlung.

Der erste Eindruck: Machen Sie das Beste daraus!
Mit dem ersten Eindruck ist es so eine Sache. Forscher haben herausgefunden, dass wir nur fünf Sekunden brauchen, um uns ein Schnellurteil über andere zu bilden – und umgekehrt geht das natürlich genauso schnell. In fünf Sekunden entscheiden wir, ob uns jemand sympathisch oder unsympathisch ist, ob wir ihn für klug oder dumm halten, ob er unser Vertrauen verdient oder unser Misstrauen erweckt. Das Fatale an solchen Schnellurteilen über andere ist die hohe Fehlerquote und die Tatsache, dass man von seinem ersten Urteil nur ungern abweicht. In den entscheidenden fünf Sekunden achten wir auf drei Dinge:

- Das Äußere: Alles, was ins Auge sticht, wird gewertet, insbesondere Kleidung, aber auch der Geruch.
- Das Auftreten: Hier geht es um Körpersprache und -haltung, steht man aufrecht oder gebückt, geht man schleppend oder schwungvoll usw.
- Die Sprache: Es kommt nicht so sehr darauf an, was man sagt, sondern wie man es sagt.

Tag für Tag sind wir bemüht, bei anderen einen guten Eindruck zu hinterlassen. Wir wollen unsere Fähigkeiten und Ideen ins rechte Licht rücken, zur Geltung bringen und dafür Anerkennung ernten. So gesehen ist das ganze Leben eine einzige Selbstinszenierung – und durch den Ruhestand kann es sein, dass man vorübergehend sein Publikum aus dem Auge verliert.

Das kann man ändern und daran muss man arbeiten, denn je positiver der Eindruck ist, den man vermittelt, desto selbstbewusster kann man auftreten.

Die eigene Ausstrahlung ist so schwer zu beeinflussen wie überhaupt die Wirkung der eigenen Persönlichkeit auf andere Menschen. Persönlichkeit ist etwas, was uns in die Wiege gelegt wird, eine individuelle Mischung aus Temperament, Begabung und Gefühlen. Im Laufe eines Lebens kann jedoch die natürliche Ausstrahlung verblassen. Man kann sie wieder zurückgewinnen, doch das ist sicher nicht leicht. Denn das heißt auch, (wieder) den eigenen Wünschen und Gefühlen mehr Bedeutung beizumessen, sein Leben selbst in die Hand zu nehmen und sich nicht ausschließlich an den Vorstellungen anderer zu orientieren. Mit einem Satz: aufzuhören, sich kleiner zu machen, als man ist, nicht zuhören und »brav sein«, sondern selbst – mit gebotener Höflichkeit – den Mund aufmachen und seine eigene Position vertreten.

Wer seine eigenen Bedürfnisse ignoriert und sich widerspruchslos unterordnet, der wirkt blass, unscheinbar und langweilig – eben nicht sympathisch. Wer für seine eigene Ausstrahlung etwas tun möchte, der muss bewusst etwas für sich tun. Dabei können ein bewusster Umgang mit Körpersprache und stilsichere Kleidung durchaus helfen oder wenigstens gute Ansatzpunkte sein. Ziel ist es, dass Sie bei einem Vorstellungsgespräch nicht um Sympathie buhlen, sondern Ihrem Gegenüber das Gefühl vermitteln: Der/Die passt zu uns!

Charakter – formen, nicht verbiegen

An der Ausstrahlung kann man vielleicht noch etwas ändern, aber am Charakter? Und noch dazu in Ihrem Alter? Da muss man sich doch wohl so nehmen, wie man ist. – Nun, nicht unbedingt: Tatsache ist, dass gewisse Charakterzüge einer Person von klein auf vorgegeben sind. Jeder Mensch hat gute und schlechte Eigenschaften, die sich im Laufe seines Lebens und durch seine Erfahrungen verstärken oder aber vermindern – und also auch dadurch, in welches Umfeld man sich begibt, was man tut, mit wem. Ein wenig Einfluss können wir also auf unsere »Charakterbildung« nehmen – ganz gleich, wie alt wir sind.

Dabei sind negativ besetzte Charakterzüge nicht grundsätzlich schlecht, es kommt darauf an, für welche Tätigkeit man einen Charakterzug einsetzt. Ein Beispiel: Neugier ist bei Journalisten eine hoch geschätzte Eigenschaft, bei einem Banker hingegen fällt ungezügelter Wissensdurst negativ auf. Oder: Gesprächige Zeitgenossen sind in Verkaufs- und Beratungsberufen sehr gefragt, in einer Arztpraxis hingegen, wo Vertraulichkeit Priorität hat, sind solche Plaudertaschen fehl am Platz. Wer also um seine Charaktereigenschaften weiß, der sucht sich automatisch den »richtigen« Arbeitsplatz. Aber wie ist das, wenn man sich im Alter einen neuen Job, unter Umständen in einer anderen Branche, sucht?

Suchen Sie einen Job, der rein auf das Geldverdienen ausgerichtet ist, dann fällt es vermutlich auch leicht, die nötige Distanz zwischen sich und das Arbeitsumfeld zu bringen. Distanz, die von Höflichkeit getragen wird, ermöglicht allemal eine gute Arbeitsatmosphäre, zumindest ist sie dann gut genug, um sich nicht allzu sehr verbiegen zu müssen.

Oder vielleicht ist es anders herum: Sie hatten Ihr Leben lang einen Beruf, in dem Sie gewisse Charaktereigenschaften verbergen mussten und haben jetzt, im Alter, nochmal die Möglichkeit, ganz eins mit Ihrer beruflichen Herausforderung zu sein und sich voll einzubringen.

Erfahrungen – wissen, was gut ist

Zu Ausstrahlung und Charakter kommt die Erfahrung. Davon haben Sie sicher reichlich, aber alles was Sie wissen, sollten Sie jetzt nicht gleich auf den (Verhandlungs-)Tisch legen. Das Alter bringt automatisch Lebenserfahrungen mit sich, die sich nicht verleugnen lassen. Diese als Trumpf bereits im Vorstellungsgespräch ausspielen zu wollen, hinterlässt beim Gegenüber oft einen schalen Beigeschmack. Noch mal: Besserwisser will kein Arbeitgeber in seinem Unternehmen sehen. Und es wird mit Sicherheit so sein, dass Ihr Gesprächspartner jünger ist als Sie.

Auf mögliche Fragen gut vorbereiten

Aus Ihren Bewerbungsunterlagen weiß die Firma schon einiges über Sie. Sie müssen nun damit rechnen, dass Ihr Gesprächspartner gerade diese Unterlagen als Gesprächsbasis benutzt und an einigen Stellen nachhaken wird. Deshalb ist es wichtig, dass Sie Ihren eigenen Lebenslauf gut kennen und eventuelle Lücken oder Unstimmigkeiten gut erklären können. Manchmal ist man gegenüber der eigenen Geschichte »betriebsblind«, merkt also beim Durchlesen nicht, an welchen Stellen der Gesprächspartner Erklärungsbedarf sehen könnte. Es hilft, wenn Sie Ihren Lebenslauf mit anderen, mit Freunden, Verwandten und Bekannten, durchgehen und sich in der Diskussion darüber die wichtigsten Stationen Ihres Lebens noch mal vor Augen führen.

Ein Thema wird sicherlich sein, dass Sie sich, obwohl Sie Rentner sind, um einen Job bemühen. Bereiten Sie sich auf die Fragen nach Ihren Zielen vor, warum Sie noch weiterarbeiten wollen, anstatt Ihre Rente zu genießen. Zeigen Sie dabei Leistungswillen, Lernbereitschaft und Interesse an der Sache an sich, nicht nur am schnöden Geld.

Werden Sie nach Ihren Hobbys gefragt, macht es sich immer gut, wenn Sie durch diese auch zugleich Ihre gesundheitliche Fitness unterstreichen. Also lieber Walking und Schwimmen erwähnen als Briefmarkensammeln und Stricken. Erwähnen Sie keinesfalls Ihre Enkel, denn der Umkehrschluss Enkel = Oma bzw. Oma = alt, könnte einen falschen Beigeschmack provozieren.

Sie müssen davon ausgehen, dass für Ihren Gesprächspartner die Situation ebenso ungewohnt ist wie für Sie selbst. Offen und ehrlich auf Fragen zu antworten ist oft die beste Strategie.

Sehr oft wird in Vorstellungsgesprächen nach persönlichen Schwächen gefragt. Die Antworten darauf kann man gut vorbereiten: Nun ist es ja so, dass jeder Mensch Schwächen hat und es wäre falsch, zu behaupten, man habe keine. Überlegen Sie also vorab, was man als Schwäche interpretieren könnte, und versuchen Sie, diesem Umstand einen positiven Drall zu geben. Ein Beispiel: »Eine Schwäche ist vielleicht, dass ich in meiner alten Firma wenig mit dem Computer gearbeitet habe. Aber ich besuche gerade einen Kurs, um mich auf diesem Gebiet weiterzubilden.«

So könnte ein Vorstellungsgespräch ablaufen

Üben Sie das Vorstellungsgespräch mit Freunden und Verwandten. Ein möglicher Gesprächsablauf könnte so aussehen:

<u>Phase 1: Interesse ausloten</u>

Das Gespräch wird durch die Begrüßung und das gegenseitige Vorstellen eröffnet.

1. Frage: »Was wissen Sie über unsere Firma?«
   Zeigen Sie, dass Sie sich informiert haben – Ziel: Interesse bekunden.
2. Frage: »Was interessiert Sie an der ausgeschriebenen Stelle?«
   Zeigen Sie, dass Sie sich mit dem Stellenangebot en detail auseinandergesetzt haben – die falsche Antwort wäre: das Geld, die Arbeitszeiten etc.

Phase 2: Es geht um Ihre Qualifikation

Hierbei wird man kaum bis zu Ihrer Schulzeit zurückgreifen wollen, aber die Eckpfeiler Ihrer Ausbildung oder dessen, was Sie für diesen Job brauchen, sollten Sie parat haben.

1. Frage: »Sie haben ja ziemlich lange studiert. Waren Sie sich Ihrer Berufswahl nicht sicher?«
   Bloß nicht zugeben, wenn es so war. Suchen Sie eine plausible Erklärung wie beispielsweise, dass Sie nebenbei arbeiten mussten, um das Studium zu finanzieren, o. Ä.
2. Frage: »Sie haben ja anfangs ziemlich häufig den Arbeitsplatz gewechselt. Warum?«
   Auch hierbei gilt es, plausible Erklärungen zu finden, beispielsweise Insolvenz des Unternehmens o. Ä.; weniger gut ist es, über ehemalige Arbeitgeber herzuziehen – Ziel: Man will sich Ihrer Loyalität versichern.
3. Frage: »Haben Sie an Weiterbildungsmaßnahmen teilgenommen?«
   Das ist Ihr Thema, hier können Sie punkten. Erklären Sie, welche Fortbildungen Sie besucht haben und wie Sie sich dadurch qualifiziert haben. Und wenn Sie keine besucht haben: Suggerieren Sie Fortbildungsbereitschaft.

Phase 3: Warum Sie als Rentner arbeiten wollen

Die Fragen dazu kommen sicher auf den Tisch; überlegen Sie sich unbedingt vorab plausible Antworten. Mögliche Fragen sind:

1. Frage: »Wollten oder konnten Sie nicht bei Ihrem alten Arbeitgeber weitermachen?«
   Antworten Sie so ehrlich, wie möglich, ohne sich selbst zu schaden oder den Arbeitgeber schlecht zu machen.
2. Frage: »Was haben Sie an Ihren ehemaligen Arbeitsplatz vermisst?« Oder: »Was hat Ihnen besonders gut gefallen?«

Hier haben Sie Gelegenheit, das aufzuführen, was Sie anstreben bzw. was Sie dem künftigen Unternehmen bieten können.

3. Frage: »Was erwarten Sie von uns?«
   Die meisten Arbeitgeber haben nur vage Vorstellungen davon, wie Sie sich Ihre berufliche Zukunft vorstellen. Helfen Sie ihnen auf die Sprünge, indem Sie möglichst konkret auf solche Fragen antworten.

<u>Phase 4: Persönliche Situation durchleuchten</u>

Der Arbeitgeber hat auch ein Interesse an Ihren persönlichen Lebensumständen, vielleicht ist das Interesse bei älteren Bewerbern sogar noch größer als bei jungen Menschen. Verraten Sie nicht zu viel!

1. Frage: »Was machen Sie so in Ihrer Freizeit?«
   Wichtig: Führen Sie Aktivitäten auf, die entweder auf Ihre gesundheitliche Fitness oder aber ihren Weiterbildungswillen hinweisen.
2. Frage: »Was sagt denn Ihr Partner zu Ihrer Bewerbung?«
   Klare Antwort: Er/Sie unterstützt mich bei meinem Wiedereinstieg.

<u>Phase 5: Vertragsverhandlungen</u>

Jetzt wird es ganz konkret, deshalb in dieser Phase nicht zögern, sondern wissen, was man will.

1. Frage: »Wie viel Rente bekommen Sie monatlich?«
   Nicht schummeln, sondern die Karten auf den Tisch legen.
2. Frage: »Wie viel möchten Sie durch Ihre Arbeit bei uns hinzuverdienen?«
   Auch darüber sollten Sie sich vorab informiert haben. Die individuelle Beratung ergibt oft einen konkreten Betrag, den Sie nennen sollten, und begründen Sie auch, warum gerade Summe X interessant wäre.

3. Frage: »Wann können Sie anfangen?«
   Das ist Ihr Trumpf, spielen Sie ihn aus.
4. Frage: »Haben Sie etwas dagegen, wenn wir uns bei Ihrem ehemaligen Arbeitgeber erkundigen?«
   Jetzt bloß nicht peinlich berührt ausweichen, sondern antworten, was Sie denken!

Seminare, die weiterhelfen

Man kann sich bei all den Sinn- und Jobfindungsbemühungen auch professionell helfen lassen. Es gibt mittlerweile viele Institutionen, Unternehmensberatungen und Psychologen, die – gegen entsprechendes Entgelt – vermitteln, wie man sein berufliches Können erfolgreich darstellt. Auch Seminare, die sich speziell an Senioren wenden, kann man schon finden. Bewerberseminare vermitteln ganz generell alle Formalitäten rund um eine gelungene Bewerbung, ermuntern Teilnehmer aber auch, ein neues Selbstbewusstsein zu entwickeln. Ein Bewerbertraining lohnt sich,

- wenn Sie das Gefühl haben, mit Ihrem Bewerbungsstil nicht recht weiterzukommen;
- wenn Ihr Selbstbewusstsein dringend Unterstützung braucht;
- wenn Sie nicht das rechte Zutrauen in Ihre Fähigkeiten haben;
- wenn Sie sich durch das Vorhaben, eine Bewerbung zu verfassen, an sich schon überfordert fühlen;
- wenn Sie in Sachen Bewerbung schon so lange aus der Übung sind, dass Sie sich hinsichtlich der Gepflogenheiten auf den neuesten Stand bringen müssen.

Bewerberhilfen werden als Gruppenseminare oder Einzelberatung angeboten. Beides kostet, also gilt es, sich besonders gut zu informieren, welche Beratung auch ihr Geld wert ist. Erkundigen Sie sich vorab, welche Fähigkeiten Ihnen vermittelt werden, wie groß gegebenenfalls die Gruppen sind und welche Qualifikationen der Coach vorweisen kann.

Start-up: Selbstständig machen mit 66?

Viele Senioren fragen sich, ob ihre Ambitionen, zurück ins Berufsleben zu kommen, wirklich Früchte tragen werden und ob es nicht vielleicht leichter ist, sich einfach selbstständig zu machen. Es lohnt sich durchaus, diese Möglichkeit zu durchdenken. Am Anfang müssen Sie sich allerdings kritisch fragen, ob Sie gewillt sind, noch mal sehr intensiv zu arbeiten, mit ungewissem Einkommen, mit mehr Verantwortung und hoher Disziplin. Wenn Sie diese Punkte für sich mit Ja beantworten können, benötigen Sie eine Planung, einen Finanzplan und eine Geschäftsgründung. Hier die Antworten auf die wichtigsten Fragen:

Was ist Ihre Geschäftsidee wert?
Es reicht nicht, dass Freunde und Bekannte die Geschäftsidee gut finden. Je nachdem, welche Art der Selbstständigkeit Sie anstreben, müssen Sie sich vor der Umsetzung informieren über die Marktlage, Konkurrenz, Sättigung des Marktes und so weiter.

Gibt es kostenlose Gründer-Beratungen?
Ja, die gibt es: In jeder größeren Stadt ist Hilfe in dieser Richtung zu finden. Unter »Kostenlose Beratungsstellen« sind die wichtigsten Kontaktadressen aus Bund und Ländern zum Herunterladen zusammengestellt. (Mehr Infos im Anhang, siehe Seite 178.)

Brauchen Sie einen Geschäftsplan?
Der Geschäftsplan, auch Businessplan genannt, wird benötigt,

um eine Bank oder Investoren als Geld- bzw. Kreditgeber zu gewinnen. Weiterhin dient der Geschäftsplan als Leitfaden, wann welche Ziele im neuen Unternehmen umgesetzt werden. Je nachdem, was Sie vorhaben, brauchen Sie einen.

Welchen Firmennamen sollten Sie nehmen?
Einen Firmennamen zu erfinden oder den eigenen Namen zu nehmen, beides ist legitim. Sie sollten darauf achten, dass der Firmenname einfach, ausdrucksstark und einzigartig ist. Verhindern Sie einen Namen, der dem eines Konkurrenzunternehmens ähnelt. Unter der Domainverwaltung in Deutschland, Denic, können Sie nachprüfen, ob diese Domain bereits vergeben ist.

Ich möchte mich selbstständig machen. Gibt es staatliche Hilfen?
Ja, die gibt es. Die Bundesregierung fördert mit dem Nachfolger der Ich-AG Menschen, die sich selbstständig machen möchten. Ob und inwieweit Sie darauf zurückgreifen können, ist von Fall zu Fall unterschiedlich. Auskünfte dazu erteilt die Bundesagentur für Arbeit.

Welche Rechtsform ist möglich?
Einzelunternehmer und Freiberufler sind die alleinigen Chefs, können über alles bestimmen, müssen aber auch alle Risiken alleine tragen.

Eine GbR (Gesellschaft bürgerlichen Rechts) wird in einem Unternehmen verwendet, in dem zwei oder mehr Partner das Geschäft leiten. Auch hier sind die bürokratischen Hürden gering. Jeder haftet wie bei einem Einzelunternehmen mit seinem Privatvermögen.

Eine KG (Kommanditgesellschaft) wird verwendet, wenn ein Unternehmen mit Investoren gegründet wird. Dort haftet der Kommandist mit seinem Privatvermögen, die Partner mit Ihrer Einlage.

Eine GmbH (Gesellschaft mit beschränkter Haftung) wird mit Einlagen ab 25 000 Euro von einem oder mehreren Gesellschaftern gegründet. Mit dieser Einlage haften die Gesellschafter auch. Die Kosten für die Gründung und Buchführung ist in dieser Gesellschaftsform hoch.

Wie bekommen Sie Startkapital?
Einen Eigenkapitalanteil von wenigstens 15 Prozent sollten Sie selber mitbringen. Um dann an Gelder aus Förderprogrammen zu kommen, erkundigen Sie sich auch bei der Bundesagentur für Arbeit. Darlehen zu erhalten ist heutzutage schwieriger geworden, obwohl die Zinsen sehr niedrig sind. Das liegt an den hohen Kreditausfällen bei den Banken, als Unternehmen mit hohen Krediten spektakulär pleite gegangen sind. Hohe Investorenbeträge ab 500 000 Euro erhält man durch Venture Kapital, also Risikokapital. Die Investoren bekommen dafür Anteile an der Firma.

Bekommt man Gelder, wenn man einen Arbeitslosen einstellt?
Ja, die Bundesagentur für Arbeit bietet Fördergelder an für Unternehmen, die Arbeitslose einstellen.

Nach dem Förderprogramm »Kapital für Arbeit« aus dem Hartz-Konzept werden Unternehmen gefördert, wenn diese dauerhaft Arbeitslose einstellen. So kann mit einem Zuschuss von 100 000 Euro (50 000 Euro Förderkredit, max. 50 000 Euro Nachrangdarlehen) gerechnet werden. Dies gilt bis maximal zwei Jahre nach der Gründung. Weiterhin gewährt die Bundesagentur für Arbeit für maximal zwölf Monate einen Lohnkostenzuschuss in Höhe des halben ortsüblichen Gehaltes.[13]

Welche Behörden braucht man?
Freiberufler benötigen lediglich das Finanzamt.

Ein **Gewerbebetrieb** muss beim Ordnungsamt angemeldet werden.

Ein **Handwerksbetrieb** muss in der Handwerksrolle eingeschrieben werden.

Eine **GmbH, AG, OHG, KG** muss in das Handelsregister im Amtsgericht eingetragen werden.

Wer Arbeitnehmer einstellt, muss diese innerhalb einer Woche bei der Krankenversicherung, Rentenversicherung, Berufsgenossenschaft und bei der Bundesagentur für Arbeit anmelden.

Wie mache ich mein Geschäft bekannt?
Die effektivste und preiswerteste Methode der Werbung ist die Mundpropaganda. Die kann verbessert werden, durch Auftritte auf Messen, bei Veranstaltungen, in Sportvereinen und so weiter.

PR, Marketing und Werbung sind teuer und am Anfang nicht so entscheidend. Die gute Verbindung zur Lokalzeitung ist da schon mehr wert.

Selbständigkeit: Vor- und Nachteile auf einen Blick

Für die Selbstständigkeit spricht:

- Verwirklichung eigener Ideen und Ziele
- Entscheidung selber treffen; keine Vorgesetzten
- gesellschaftliches Ansehen durch Erfolg
- hohes Einkommen möglich
- Gewinn für eigene Leistung selber ernten
- hoher Grad an persönlicher Freiheit und Unabhängigkeit
- selbst gewählte Arbeitszeiten, dadurch sind Beruf und Privatleben besser vereinbar
- Arbeitsumfeld wie Team, Ort und so weiter kann man selbst gestalten

Gegen Selbstständigkeit spricht:

- Einkommen hängt von der Auftragslage ab (kein festes Einkommen)
- unter Umständen hohe Arbeitsbelastung (Selbstständige arbeiten oft 50–60 Stunden die Woche)
- zum Teil hohes Risiko, je nach Gesellschaftsform haftet man mit dem Privatvermögen
- Papierkrieg droht im Umgang mit Behörden und Banken

Kapitel 3

Das Wissen macht's möglich

Vinzenz reist mit 78 Jahren als Notarzt in die Dritte Welt; Erwin, 72, hilft Hauptschülern bei der Lehrstellensuche; Marlies, 70, leitet den Chor im Gemeindezentrum; Robert, 72, baut Brunnen im Senegal. Aktive Senioren gibt es überall, mit ihrer Erfahrung machen sie sich nützlich – überwiegend fürs Gemeinwohl, aber dabei auch für die eigene Zufriedenheit. So sehen Politik und Wirtschaft die Aktiv-Rentner auch am liebsten: »Zähl Taten, nicht Falten« – so will es eine großangelegte Kampagne der Bundesregierung. Das Potenzial der reifen Jahre hat man erkannt, gleichwohl ist man oft nur daran interessiert es (aus-)zu nutzen.

Das Alter als Entwicklungschance zu sehen ist noch ein relativ neuer Denkansatz. »Die heutigen Alten sind weniger bereit, den neu gewonnenen Lebensabschnitt als weitgehend passiv sich vollziehenden Ruhestand zu begreifen und sich mit einem Defizitmodell zu identifizieren«, schreiben die Gerontologen Meinolf Peters und Johannes Kipp. »Aufgrund zunehmender Kompetenzen, verbesserter materieller Ressourcen und bei länger erhaltener Gesundheit haben Ältere begonnen, sich ihr Leben neu anzueignen. Zunehmend mehr begreifen das Alter als Entwicklungschance und begeben sich auf den Weg, diesen Lebensabschnitt neu zu gestalten.«[14]

Möglichkeiten zur Neugestaltung gibt es – bei näherer Betrachtung – viele, nur einträglich sind die wenigsten. Doch wer es sich leisten kann, der nutzt sein Wissen und seine Erfahrung als Sprungbrett, um das zu bekommen, was er sich als Rentner so nicht mehr ohne weiteres leisten bzw. erlangen kann – zum Beispiel Auslandsaufenthalte, Anerkennung, Kontakte und noch mehr Erfahrung.

Prominentester Vertreter der aktiven Rentnerfront ist der ehemalige Bremer Oberbürgermeister Hennig Scherf, der mit seinem Buch »Grau ist bunt: Was im Alter möglich ist«[15] zeigt, dass man die Chancen und Herausforderungen des Alters annehmen sollte, um den Rentenstand zu einem erfüllten Lebensabschnitt zu machen. Als er sich mit 65 Jahren für die Rente und gegen die Politik entschied, wollte er Lebenszeit gewinnen und nutzen. »Wir haben eine Chance, wie es sie nie eine Generation vor uns hatte«, erklärte er in einem Interview.[16] »Wir haben eine Rente, die uns ernährt, wir haben Zeit, wir sind noch fit und wir haben noch Interessen. Wir sind die klassische ehrenamtliche Basis dieser Gesellschaft. Wir sind nicht das Problem dieser Republik, wir sind die Chance dieser Republik.« Sicher, die Entfaltungsmöglichkeiten im Alter waren noch nie so groß, aber nicht alle Rentner haben – wie Scherf unterstellt – eine Rente, die sie ernährt.

Nichtsdestotrotz machen Erfahrung, Kompetenz und freie Zeiteinteilung den Unterschied; sie sind die Chance, die jeder auch für sich persönlich nutzen sollte.

»Ich wollte schon immer helfen, wo die Not am größten ist.«

»Warum ich Arzt geworden bin? Ich wollte immer schon anderen Menschen helfen. Ich glaube, jeder Arzt gibt diese Antwort. Das habe ich auch ein Leben lang getan. Erst in der Klinik, später dann in einer eigenen Praxis. Aber seien wir doch mal ehrlich, so richtig große Not gibt es hierzulande nicht mehr. Viele unserer Krankheiten sind hausgemacht. Zu meiner Zeit war es wichtig, sich über den Beruf hinaus zu engagieren – das habe ich gemacht, vor allem politisch. Irgendwie war ich dann froh, als ich die Altersgrenze erreicht hatte und meine Zulassung als Kassenarzt zurück-

geben konnte. Doch das war nicht das Ende, sondern es war für mich ein neuer Anfang.

Endlich konnte ich das tun, was ich schon immer wollte: Dorthin reisen, wo die Not am größten ist und wo ich als Arzt aufs Äußerste gefordert war. Als Rentner habe ich natürlich den Vorteil, zeitlich flexibel und finanziell unabhängig zu sein. Und mit meiner Ausbildung bin ich natürlich auch – über die Altersgrenze hinaus – ein gefragter Experte.

Als ich vor rund zehn Jahren zum ersten Mal als ›Experte‹ in die Dritte Welt gereist bin, war ich – was Auslandserfahrungen angeht – noch grün hinter den Ohren. Aber das hat sich rasch geändert. Heute erkenne ich eine Unterernährung auf den ersten Blick, ebenso wie eine Malaria oder hässliche Wurmerkrankung. Wer denkt, dass auch bei solchen Einsätzen Routine einkehren kann, der täuscht sich. Jeder Einsatz ist eine neue Herausforderung – menschlich und medizinisch. Ich bin froh und glücklich, dass mich meine Frau ziehen lässt. Sie ist ja selbst mit ihren diversen Ehrenämtern gut beschäftigt. Zwei- bis viermal im Jahr bin ich mit Ärzteteams unterwegs und leiste vor Ort unter einfachsten Bedingungen Nothilfe für die Ärmsten der Armen. Das macht mich glücklich, das erfüllt mein Leben. Ich habe gar keine Zeit über das Alter nachzudenken und auch nicht über die eigene Gesundheit. Wahrscheinlich halten mich die Einsätze sogar jung, denn ich kann sowohl helfen als auch mein Fachwissen an andere weitergeben.

Ob ich schon mal daran gedacht habe, mich wirklich zur Ruhe zu setzen? Darüber denke ich gar nicht nach, so lange ich mitreisen darf, stelle ich mir solche Fragen nicht. Dazu habe ich überhaupt keine Zeit. Ich bin doch erst 78 Jahre alt – nicht schlecht, oder?« *Vinzenz (78)*

Orientierungshilfe: Erfahrung weitergeben – sich ehrenamtlich engagieren

Die Lebenserwartung steigt stetig, und die Älteren haben somit nach dem Rentenantritt noch viele gute Jahre vor sich. Was fangen wir mit den gewonnenen Jahren an? Genießen, nachholen, konsumieren, Selbstfindung und Sinnsuche? Die intensive Beschäftigung mit sich selbst führt langfristig in die Irre, jetzt mit dem Rentenantritt wird es Zeit »generativ« zu sein.

Mal ganz ehrlich: Haben Sie schon einmal das Wort »Generativität« gehört und wissen Sie gar, was es bedeutet? Erfinder dieser Wortneuschöpfung war der Psychoanalytiker Erik Homburger Erikson. Er beschrieb mit diesem Begriff eine alte, vielleicht sogar die älteste Sorge der Menschheit: Wie geht es mit der Welt weiter? Was kann jeder Einzelne beitragen, um die Lebenssituation künftiger Generationen zu verbessern? Wer »generativ« denkt, der empfindet sich als Glied in einer Kette, will weitergeben, was er gelernt hat, will Tradition und Kultur bewahren helfen, will sich engagieren für eine bessere Zukunft.

Das mag alles hochtrabend klingen, ist aber im Prinzip ganz einfach. Hat man im Leben viel erreicht, verspürt man das Bedürfnis, etwas zurückzugeben. Das ist die Basis für ehrenamtliches Engagement, nicht nur an sich, sondern auch an andere zu denken.

Aber: Wer generativ wird, tut auch etwas für sich selbst, sorgt für den eigenen Seelenfrieden und dafür, dass etwas bleibt, wenn es Zeit ist zu gehen.

In jedem Menschen gibt es den Wunsch, etwas Bleibendes zu schaffen. Deshalb zeugen wir Kinder, erfinden Maschinen, malen Bilder, schreiben Bücher, legen Fotoalben an, bauen Häuser und gründen Vereine. Und deshalb investieren wir auch oft viel Lebenszeit in Vereine und Verbände, wollen beeinflussen und prägen. Oder wir werden Sammler: von Briefmarken, Antiquitäten, Bildern und so weiter. Aber Generativität ist auch die Fähigkeit, von sich selbst absehen zu können, um für andere da zu sein, sein Wissen und seine Erfahrung einzubringen, um die Welt zu einem anderen, vielleicht besseren Ort zu machen.

Sich so einsetzen zu können ist eine Chance. Und der, der sie ergreift, erntet Anerkennung, Lob, manchmal Ehrfurcht, und manchmal setzt er sich ein Denkmal über den Tod hinaus. Früher einmal war solcher Einsatz normal und fast schon alltäglich, wie die Mitgliedschaft in einem Fußballverein oder bei der Freiwilligen Feuerwehr. Heute, da viele Menschen ihr Leben lang ganz andere Sorgen haben, wird das ehrenamtliche Engagement an den Rand gedrängt. Vielfach – und das ist nicht abwertend zu verstehen – an den Rand des eigenen Lebens, in die Zeit, wenn es nichts anderes mehr zu tun gibt, als solche Zeichen zu setzen.

Manche Menschen waren schon immer die »Sozialarbeiter« der Gesellschaft, die unermüdlich im Einsatz sind für andere. Manche werden es, wenn sie in Rente gehen, vorausgesetzt, sie können es sich leisten. Denn für ein Ehrenamt gibt es per se kein Geld, sondern nur Lob und Anerkennung. Dafür kann man sich aber für Dinge oder Menschen einsetzen, die einem wirklich wichtig sind.

Weit über 500 000 Vereine gibt es allein in Deutschland, Millionen Menschen sind darin aktiv. Statistisch gesehen kommen sieben Vereine auf 1000 Bürger. Oder andersherum: 94 Prozent

Vereinszwecke

- 38 Prozent Sport
- 18 Prozent Freizeit, Heimatpflege, Brauchtum
- 13 Prozent Soziales, Wohlfahrt, Religion, Entwicklungshilfe
- 12 Prozent Kultur und Kunst
- 10 Prozent Berufs-/Wirtschaftsverbände und Politik
- 8 Prozent Interessenverbände und Bürgerinitiativen
- 1 Prozent Umwelt- und Naturschutz

der Bevölkerung engagieren sich in einem Verein, einer Interessengruppe oder Bürgerinitiative. Das ist die Basis, auf der Zukunft gedeihen kann, und zu diesem Gedeihen beizutragen, das gibt schon ein wirklich gutes Gefühl.

Wer macht was und wo?

Möchten Sie sich engagieren, wissen aber nicht, wofür, wie und wo? Die Bundesarbeitsgemeinschaft der Seniorenorganisationen (BAGSO) hilft weiter. Auf deren Website (www.bagso.de) gibt es eine Suchfunktion, die aktive Senioren und mögliches Engagement zusammenführen.

Aus folgenden Aktivitätsbereichen können Sie wählen:

- Senioren leisten Hilfe, solidarisch und sozial
- Senioren stehen für ihre ehemaligen Berufskollegen ein
- Senioren pflegen Kultur und Geselligkeit
- Senioren fördern Gesundheit und Fitness
- Senioren setzen sich in Kirche und Gemeinde für andere ein
- Senioren engagieren sich politisch
- Senioren geben Wissen und Erfahrung an Jüngere weiter
- Senioren engagieren sich für lebenslanges Lernen

Zusätzlich können Sie auch die Online-Datenbank für Senioreninitiativen – www.senioren-initiativen.de – nutzen.

In der von der Bundesarbeitsgemeinschaft Seniorenbüros (BaS) im Auftrag des Bundesministeriums für Familie, Senioren, Frauen und Jugend aufgebauten Datenbank sind inzwischen 1200 Angebote für Engagement zu finden. Durchblick im Dschungel der Freiwilligenarbeit geben Ihnen auch die Mitarbeiter der Seniorenbüros. Sie geben Ihnen zudem Hilfestellungen bei der Entscheidung für oder gegen ein freiwilliges Engagement.

Was ist ein Seniorenbüro?

Seniorenbüros sind Informations-, Beratungs- und Vermittlungsstellen für ehrenamtliches und freiwilliges Engagement in der nachberuflichen und nachfamilialen Lebensphase. Seniorenbüros richten sich an Menschen ab 50 Jahren, die für sich und für andere aktiv werden möchten. Auch für vorzeitig aus dem Erwerbsleben ausgeschiedene oder jüngere Menschen können Seniorenbüros wichtige Treffpunkte sein und sinnvolle Aufgaben anbieten. Seniorenbüros sind Ansprechpartner für Seniorengruppen und Initiativen sowie für gemeinnützige Träger, die freiwillige Mitarbeiter/-innen suchen. Kontakt zu diesen Büros aufnehmen können Sie über Bundesarbeitsgemeinschaft Seniorenbüros e.V., www.seniorenbueros.org. Seniorenbüroarbeit bietet beispielsweise:

- Information, Beratung und Vermittlung von älteren Menschen, die an freiwilligem Engagement interessiert sind
- Beratung von Einrichtungen zur Vermittlung älterer Freiwilliger
- Begleitung älterer Freiwilliger
- Angebote zur Fort- und Weiterbildung
- Initiierung, Beratung und Unterstützung von Projekten
- Kooperation und Vernetzung innerhalb der Kommune
- Übernahme kommunaler Aufgaben im Bereich der offenen Altenhilfe

Die Formen dieses sozialen Engagements sind unendlich vielfältig. Verschaffen Sie sich einen Überblick und entscheiden Sie dann, was für Sie das Richtige ist.

Auslandserfahrung: Projekthilfe in der Dritten Welt (und anderswo)

Auf dem Plan für die Zukunft steht bei vielen Senioren das Reisen. Dann, wenn man Zeit im Überfluss hat, möchte man am liebsten die Koffer packen und die Welt erkunden. Doch dabei gibt es für die meisten Senioren ein Problem: Die Reichweite des Rentenbudgets. Meist ist der Aktionsradius doch beschränkt – und wenn es nicht am Geld alleine liegt, dann liegt es am Mut – mag das Abenteuer auch noch so laut rufen.

Will man das Angenehme mit dem Nützlichen verbinden, dann bietet sich das Engagement für freiwillige Auslandsdienste an. Es gibt zahlreiche Vereine und Hilfsorganisationen, die händeringend mobile Senioren suchen, um Auslandsprojekte zu unterstützen. Ad hoc mag man da zunächst einmal an die medizinische Berufssparte denken, aber auch technisch versierte oder handwerklich geschickte Rentner sind gefragt.

Zu den namenhaften Organisationen, die solche Projekte unterstützen gehört der SES (Senior Experten Service). Diese Stiftung der Deutschen Wirtschaft für internationale Zusammenarbeit ist eine gemeinnützige GmbH. SES – so ist es auf deren Website (www.ses-bonn.de) nachzulesen – bietet interessierten Menschen im Ruhestand die Möglichkeit, ihre Kenntnisse und ihr Wissen an andere im Ausland und in Deutschland weiterzugeben. Als ehrenamtlich tätige Senior Experten fördern sie die Aus- und Weiterbildung von Fach- und Führungskräften. Sie leisten Hilfe zur Selbsthilfe und damit einen wichtigen Beitrag, ein Stück Zukunft zu sichern.

Seine mehr als 7500 Senior Experten sind im aktiven Ruhestand ehrenamtlich tätig und leisten weltweit Hilfe zur Selbsthilfe. Ob in kleinen und mittleren Industrie- und Handwerksbetrieben, Organisationen oder in Kommunen: Sie stehen mit ihrem Fachwissen aus über 50 Branchen mit Rat und Tat zur Verfügung. Das Credo des SES ist: Zukunft braucht Erfahrung!

Liest man sich die aktuellen Projektangebote durch, so lässt sich wahrlich für jeden etwas finden – überall auf der Welt. Ob Süd- oder Mittelamerika, Afrika oder Asien, die Experten von SES sind weltweit gefragt.

Qualifikationen, die immer gesucht sind:

- Experten für Lederverarbeitung, Schuhe
- Experten für Textilverarbeitung, Textiltechnik
- Berufsschullehrer und Ausbilder für Handwerk und Technik
- Köche/Küchenmeister
- Experten für Regional- und Tourismusentwicklung
- Orthopädie-Techniker
- Holztechniker, Schreiner, Tischler für die Herstellung von Fenstern, Türen und Möbeln; Sägewerker/Holzbearbeitungsmechaniker
- Nahrungsmittelverarbeitung: Molkereifachleute, Brauer, Bäcker/Konditoren, speziell für Dauerbackwaren und Kekse
- Müller, Fachleute für Großmühlen
- Kunststoffexperten
- Experten für Spezialmaschinenbau, Herstellung von Straßen-Baumaschinen
- Gießereiexperten
- Experten für Schleifmittel
- Fachärzte

Die Angebotspalette für Senioreneinsätze ist groß und vielfältig: Da werden Braumeister für Vietnam gesucht und Hotelmanager für Kasachstan, eine Fotografin für den Jemen und ein Elektriker für Rumänien. Überwiegend sind es Männer, die voller Tatendrang ins Ausland ziehen, aber auch gut ausgebildete Frauen – beispielsweise Hebammen – werden gesucht.

Fast 7500 Senior Experten gibt es inzwischen in Deutschland, über deren Aus- und Inlandseinsätze nicht der Bundestag, sondern sie selbst und der Ehepartner entscheiden. Meist sind es Männer, die eine Aufgabe und das Abenteuer auf Zeit suchen. Aber nicht selten rufen deren Frauen in der Zentrale des SES in Bonn an und fragen: »Haben Sie nicht einmal wieder eine Aufgabe für meinen Mann?« Im vorigen Jahr leisteten die deutschen Senior Experten, die im Durchschnitt 67 Jahre alt sind, 1601 Einsätze, davon 257 im Inland. Natürlich gibt es viele Organisationen, die das Wissen und die Erfahrung der Senioren zu schätzen wissen. Das Internet bietet ein gutes Forum für solches Engagement. Mehr Adressen dazu finden Sie im Anhang.

Für den Senior Experten Service (SES) unterwegs

Senior Experten sind honorarfrei tätig und die Einsätze dauern maximal sechs Monate. Ein Einsatz kann seitens des SES abgekürzt werden, eine vorzeitige Rückkehr des Senior Experten bedarf der Zustimmung des SES.

Einsätze erfolgen aufgrund von Aufgabenbeschreibungen und Einsatzzielen, die mit den Auftraggebern abgestimmt wurden. Qualifizierung von Personal verbunden mit einer Anleitung zur Selbsthilfe sind wesentliche Bestandteile jeden Auftrags.

Grundlage für SES-Einsätze ist eine Beauftragung des Senior Experten durch den SES einerseits sowie eine Einsatzvereinbarung zwischen dem SES und dem Auftraggeber andererseits. Ein Vertragsverhältnis zwischen Senior Experten und Auftraggeber des SES besteht nicht. Loyales Verhalten zwischen Senior Experten und Auftraggeber wird aber erwartet.

Für die Dauer ihres Auslandseinsatzes werden Senior Experten in die Gruppenversicherung aufgenommen. Diese umfasst Reisegepäck-, Privathaftpflicht-, Unfall- und Auslandskrankenkostenzusatzversicherung. Senior Experten müssen darüber hinaus – auch für die Dauer des Einsatzes – im Inland eine eigene Krankenversicherung besitzen.

Für die Reise zum und vom Einsatzort erhalten Senior Experten über den SES die erforderlichen Reiseunterlagen, Bahnfahrt 2. Klasse und/oder Economy-Class-Flugschein.

Am Einsatzort erhalten Senior Experten freie, den Umständen angemessene Unterkunft und Verpflegung sowie Transport von und zur Stelle Ihrer Tätigkeit. Außerdem wird ein nach den örtlichen Gegebenheiten bemessenes Taschengeld (Kostenpauschale) in lokaler Währung gezahlt.

Die Senior Experten verpflichten sich, sich auf den Einsatz vorzubereiten.

- Vorbereitungsreisen: Kosten für Reisen zu Entsendegesprächen werden wie folgt erstattet: Bahnfahrt 2. Klasse; bei Benutzung eines PKW wird ein Kilometergeld gezahlt; Hotelkosten werden nach vorheriger Absprache mit der Projektabteilung übernommen, wenn Hin- und Rückreise am gleichen Tag nicht zumutbar sind. Es wird kein Tagegeld gezahlt; bei mehrtägigen Reisen werden Verpflegungskosten erstattet.
- Medizinische Vorsorge: Den ausreisenden Senior Experten obliegt es, sich zu vergewissern, dass ihr Gesundheitszustand den vorgesehenen Einsatz erlaubt. Hierzu ist in der Regel der Hausarzt zu konsultieren. Spezielle Untersuchungen und Maßnahmen (z. B. Impfungen) sind vorher mit der Projektabteilung abzustimmen.
- Fachliche Vorbereitung: Der SES wird den Senior Experten bei ggf. erforderlichen Kontakten mit inländischen Unternehmen und Institutionen unterstützen. Die Übernahme von Kosten, die durch die Einsatzvorbereitung entstehen – einschließlich der Beschaffung von Fachliteratur –, ist vorher mit der Projektabteilung abzustimmen. Das Gleiche gilt für alle übrigen Anschaffungen.

Soziales Gewissen: Für andere da sein

Erna, 68, ist noch gut zu Fuß und hat zudem ein Auto, um das sie viele Ältere beneiden. Das Auto ist Ernas Trumpf, denn so ist sie mobil und kann sich nützlich machen. Seit ihrer Rente arbeitet Erna bei der Nachbarschaftshilfe vor Ort. Sie betreut vier alte Damen, die sie zum Einkaufen chauffiert, und wenn diese es nicht mehr alleine können, erledigt Erna die Einkäufe für sie. Für Erna hat das vor allem zwei Vorteile, denn zum einen kommt sie unter Leute und zum anderen investiert Erna in die Zukunft. Das, was sie jetzt an gemeinnütziger Arbeit leistet, wird ihr fürs eigene Alter »gutgeschrieben« und sie muss dann später mal nicht für die Hilfsleistungen der Organisation zahlen.

Christian, 70, geht es ähnlich. Seit der Rente fühlte sich der ehemalige Berufskraftfahrer überflüssig und suchte eine sinnvolle Beschäftigung. Jetzt chauffiert er im behindertengerecht ausgestatteten Minibus alte Menschen aus dem Pflegeheim zum Arzt. Der Begleitservice bringt Abwechslung in sein Leben, und ab und zu mal wieder ein »großes« Auto zu fahren macht dem Rentner Spaß.

Sich in sozialen Organisationen einzubringen ist der Klassiker für ehrenamtliches Engagement im Alter. Die Angebotspalette reicht von der Einzelfallhilfe über die Gruppenarbeit bis hin zur Gemeinwesenarbeit, wie es im Fachjargon so schön heißt. Konkret versteht man darunter die persönliche Hilfe von Mensch zu Mensch durch Beratungs-, Besuchs- und häusliche Hilfsdienste. Um sich so zu engagieren, muss man sich eigentlich nur umschauen. Vielerorts gibt es Nachbarschaftshilfen und Seniorentreffs, wo jede helfende Hand herzlich willkommen ist. Die meiste Arbeit allerdings muss unentgeltlich geleistet werden.

Um Wissen und Erfahrungen an Jüngere weiterzugeben, muss

man nicht in die Ferne schweifen. Auch gleich vor Ort ist solche Initiative garantiert gefragt. Ein gutes Beispiel für die Organisation solcher Hilfe bieten beispielsweise die »Aktivsenioren Bayern e.V.«. Der gemeinnützige Verein mit über 360 Seniorexperten in Bayern hilft kleinen bis mittleren Unternehmen und Organisationen bei Unternehmensführung und -nachfolge, Existenzgründung und -erhaltung, bei Umweltmanagement und Ausbildungsinitiativen. Dabei ist das Engagement, wie der Name vielleicht nahelegt, nicht auf Bayern beschränkt. Auch grenzüberschreitende Zusammenarbeit im Zuge der EUREGIO-Projekte, z.B. mit Innsbruck und Salzburg, stehen mit auf dem Aktionsplan. Besonders am Herzen liegt den Aktivsenioren aber die Arbeit mit Jugendlichen. Im Kampf gegen die Jugendarbeitslosigkeit haben die Senioren folgende Aktionen erdacht …

Ausbildungspatenschaften: Zusammen mit Arbeitsagenturen in strukturschwachen Bezirken übernehmen sie Patenschaften für schwer vermittelbare Jugendliche. Dabei begleiten sie sie bei Suche und Antritt einer Lehrstelle bis zum Ende der Probezeit.

Lehrstellenoffensive: Zusammen mit einer IHK werben die Aktivsenioren bei Unternehmen um zusätzliche Ausbildungsplätze. Seit 2002 stellten sie zusammen mit der IHK Nürnberg neue Berufsbilder vor und bemühten sich bei Unternehmen um zusätzliche Ausbildungsstellen.

Martin, 13, ist das »Sorgenkind« von Markus, 70. Der Hauptschüler hat sich einen tollen Beruf ausgesucht, nur leider passen seine Noten so gar nicht zu den Anforderungen eines IT-Fachangestellten. Dass Martin überhaupt so einen konkreten Berufswunsch hat, findet Markus sehr erfreulich. »Die meisten Jugendlichen haben nämlich gar keine Vorstellung von ihrer beruflichen Zukunft.« Nun erstellt Markus gemeinsam mit Martin einen Plan, Schritt für Schritt wollen sie zusammen das Projekt »Ausbildungsplatz« angehen. Ein bisschen Nachhilfe in Physik gibt es dabei für Martin kostenlos, denn schließlich hat Markus sein Leben lang als Physiker gearbeitet.

Sich für Jüngere zu engagieren und ihnen die im Leben erworbenen Kenntnisse weiterzugeben sind die Schwerpunkte dieses Engagement-Bereichs; Gleichzeitig aber auch die Erweiterung des eigenen Horizonts durch die Konfrontation mit neuen Menschen und neuen Aufgaben.

Die Kompetenzweitergabe kann sich auf alle gesellschaftlichen Felder beziehen und muss nicht, wie bei den Aktivsenioren Bayern e.V. aufs Berufliche beschränkt bleiben.

Sport ist nicht nur der Bereich, in dem sich den empirischen Untersuchungen zufolge am meisten Bürgerinnen und Bürger engagieren, sondern auch einer der am besten und überschaubarsten organisierten. Zum passenden Sportverein findet man in der Regel vor Ort sehr leicht. Möglichkeiten für Engagement gibt es entsprechend viel. Dankbar ist jeder Verein über aktive Mitglieder, die Zeit und Spaß an der Organisation und Verwaltung haben. Auch die Betreuung von (Jugend-)Gruppen und das Training sind beliebte Einsatzgebiete, wobei man dabei allerdings bestimmte Qualifikationen mitbringen muss oder zumindest die Bereitschaft, sich weiterzubilden.

Apropos Weiterbildung: Die Möglichkeiten, sich für lebenslanges Lernen zu engagieren, können sehr unterschiedlich sein. Hier einige Beispiele: Aktive Senioren können eine Ausbildung zum Gedächtnistrainer machen. Oder aber man organisiert und konzeptioniert unterschiedliche Weiterbildungsmaßnahmen für junge oder ältere Menschen. Insbesondere im Bereich »Neue Medien« sind versierte Senior-Trainer gefragt.

Gotteslohn: Praktische Hilfe anbieten

Ehrenamtliches Engagement ist kostenlos. Wer sich so einbringt, der arbeitet – wie es so schön heißt, für »Gotteslohn«. Das ist natürlich im eigentlichen Sinn nicht der Zweck des ganzen Unternehmens, denn wer im Alter nochmal beruflich durchstarten will, erwartet auch eine Bezahlung als Ausgleich für geleistete Dienste. Oft erwartet einen aber nicht mehr als eine Aufwandsentschädigung. Das sollte jedoch vorübergehend den Enthusiasmus nicht schmälern, denn was man durch ehrenamtliches Engagement gewinnt, sind beispielsweise Kontakte, die bei der konkreten Arbeitsuche nicht zu unterschätzen ist. Ehrenamtliches Engagement zahlt sich auch insofern aus, als dass man dadurch Zugang zu Weiterbildungsmaßnahmen bekommt, die einem ansonsten vielleicht verwehrt bleiben. Es bietet zahlreiche Möglichkeiten zur Neuorientierung und Erfahrungserweiterung, die sonst nie möglich wären. Das sind die Chancen, die es bei planvollem Vorgehen zu nutzen gilt.

Wenn sich Senioren in Kirche und Gemeinde für andere einsetzen, dann denken sie jedoch zumeist nicht an das Geld, sondern haben wirklich nur Gutes im Sinn.

Das Spektrum kirchlicher Seniorenarbeit ist breit und umfasst eine große Anzahl unterschiedlicher Arbeitsfelder, dabei versteht man unter Seniorenarbeit auch das Engagement für »noch Ältere«.

Auch im Kulturbereich können sich aktive Rentner noch sehr vielfältig einbringen.

Rolf, 65, ist ein gutes Beispiel dafür. Sein Leben hat er in einem langweiligen, aber sicheren Beamtenjob verbracht. Als sich die Chance zur Frühberentung ergab, hat Rolf sie gleich genutzt. »Nur raus da. Endlich mit dem wahren Leben anfangen«, sagt er heute. Heute ist Rolfs Leben alles andere als langweilig, er hat sich voll und ganz seinem gro-

ßen Hobby, der Musik, verschrieben. Drei Abende in der Woche sind mit Chorproben belegt. Zwei Kirchenchöre und der Männergesangsverein nehmen den Rentner voll und ganz in Anspruch. Nebenbei hat er im Laufe der letzten Jahre noch Instrumente spielen gelernt, das sichert ihm ein kleines Zubrot, wobei er seine Engagements immer mehr als Spaß an der Freude denn als ernsthafte Arbeit betrachtet. »Ich bin heute ein völlig neuer Mensch«, strahlt er und schaut schon wieder auf die Uhr.

Kultur und Geselligkeit zu pflegen und das zugleich zum Lebensinhalt zu machen scheint ein Privileg zu sein. Das ist es allerdings nicht wirklich, denn auch dazu braucht es Disziplin und harte Arbeit. Wo man sich dafür umschauen kann sind Theatervereine und Tanzgruppen, Büchereien und Interessengemeinschaften und überhaupt überall dort, wo das gemacht wird, was man selbst gerne tut.

Vorbildlich und facettenreich ist beispielsweise das Angebot des »Jahresringe Gesamtverbandes e.V.«. Das Vereinsmotto »Wer anderen hilft, hilft sich selbst« ist zugleich Programm. Der Verein wurde als Selbsthilfeorganisation für die damaligen Vorruheständler gegründet und bietet heute ein fantasievolles Netz an Einsatzmöglichkeiten. Ziel dabei war und ist es, dem Leben in der Gemeinschaft Bestätigung, Anerkennung und ein sinnvolles Gebrauchtwerden zu geben. Mittlerweile sind viele der Mitglieder Rentner, und »Jahresringe« vertritt ihre Interessen und die von Alleinstehenden, Langzeitarbeitslosen, Ausländern und Aussiedlern in sozialer, ökonomischer und juristischer Hinsicht.

So unterstützt »Jahresringe« beispielsweise das Projekt »Zick-Zack«. Im Vordergrund steht die Vermittlung von Grundkenntnissen und Fertigkeiten im Nähen, Schneidern und in der Handarbeit. Dabei wendet sich »Zick-Zack« an alle Altersgruppen, an Kinder, Jugendliche und Senioren, speziell auch an Migranten, Spätaussiedler und Arbeitslose. Ebenso im »Jahresringe«-

Projektplan sind Begleitdienste in den Berliner Zoos und Erholungsparks oder der »Alternative Waschsalon«.

Zielvorgabe: Sich für eine Idee engagieren, die einem am Herzen liegt

Das Wichtigste für jegliches ehrenamtliche Engagement ist: Man muss das, was man tut, gerne tun. Die Einsatzgebiete können dabei ganz unterschiedlich sein: Politik, Umwelt, Tiere, Kinder, Kunst, Musik und, und, und …

Die meisten Seniorenverbände haben sich beispielsweise auf politischer Ebene erst spät zu Wort gemeldet, holen aber seit Gründung der Bundesseniorenvertretung 1986 sowie der Gründung der Seniorengruppierungen der Parteien mächtig auf. Schon lange sind es nicht mehr nur die »Grauen Panther«, die sich für die Rechte der Älteren stark machen.

Die Möglichkeiten, sich für die sozialen und sozialrechtlichen Belange der Menschen einzusetzen, sich politisch »zu Wort zu melden« und »Einfluss zu nehmen« sind so vielfältig wie die politisch engagierten Organisationen. Hier nur eine kleine Auswahl: Seniorengruppierungen der Parteien, Gewerkschaften, Sozialverbände, Seniorenbeiräte, Naturschutzbund und verschiedene Selbsthilfeverbände.

Zum Beispiel: Greenpeace Team50plus

Im Team50plus arbeiten Handwerker, Hausfrauen oder Naturwissenschaftlerinnen. Einige sind noch berufstätig, andere befinden sich schon im Ruhestand, wollen sich aber längst noch nicht zur Ruhe setzen.

Sie wollen Verantwortung für die nachfolgenden Generationen übernehmen, indem sie Widerstand gegen die Zerstörung der Lebensgrundlagen leisten und sich für deren Schutz einsetzen. Und sie erleben, dass gemeinsame Aktionen für den Umweltschutz auch ganz viel Spaß machen – ob zusammen mit ihren Altersgenossen oder mit jungen Erwachsenen, Jugendlichen und Kindern.

Die Teams arbeiten mit den lokalen Greenpeace-Gruppen zusammen, die in rund 90 Städten bundesweit aktiv sind. Gemeinsam machen sie sich für den Erhalt der letzten Urwälder, eine Wende in der Energiepolitik, für eine naturnahe Landwirtschaft, den Schutz der Wale und saubere Meere stark. Dieses Miteinander von Jung und Alt verleiht Greenpeace eine besondere Stärke.

Charlottes Welt ist seit dem letzten Arbeitstag ziemlich eng geworden. Von der mageren Rente kann sie sich keine große Wohnung mehr leisten und das kleine Apartment, in dem sie jetzt wohnt, ist viel zu klein, um Charlottes Leidenschaft gerecht zu werden. Die 70-Jährige liebt nämlich Hunde – je größer, desto besser. »Es ist schon verrückt«, sinniert sie heute. »Früher hatte ich eine große Wohnung, aber keine Zeit für ein eigenes Tier. Heute habe ich Zeit, aber keinen Platz für einen Hund.« Der Tag der offenen Tür im städtischen Tierheim brachte für Charlotte die Idee, sie bewarb sich als ehrenamtliche »Gassi-Geherin« und steht seitdem jeden Morgen pünktlich um 9 Uhr vor der Tür der Hunde-Abteilung. Jeden Tag führt sie gleich mehrere Vierbeiner aus, natürlich wechselt die Besetzung der Leinen. »Gut so, wenn Hunde wieder ein Zuhause finden. Auch wenn ich den einen oder anderen gern selbst mit nach Hause genommen hätte.«

Während dem einen Senior die Tiere am Herzen liegen, so wünscht sich der andere Enkel. Schon vor Jahren haben clevere Senioren den Leih-Oma-Service ins Leben gerufen. Der Großelterndienst vermittelt vitale Ältere beispielsweise an Alleinerziehende zur Betreuung der Kinder außerhalb der Kita-Zeiten und bei Erkrankung eines Kindes. Außerdem betreuen die Helfer des Großelterndienstes ihre Wunschenkel ein- bis zweimal wöchentlich, um dadurch alleinerziehenden Müttern und Vätern einfach Zeit zum Auftanken zu geben. Von solchen Dienstleistungen findet man viele auch im Internet, manches davon ist ehrenamtlich, aber manchmal bekommt man dafür auch ein kleines Taschengeld.

Ehrenamt schafft neue Perspektiven

Nutzen Sie ein ehrenamtliches Engagement als Ideenschmiede für die eigene Zukunft. Wenn Sie in Ihrem alten Job nicht weitermachen können oder wollen, öffnen Sie sich durch solch kostenlosen Einsatz Türen, die unter Umständen eine erfüllte Zukunft für Sie bereithalten.

Erfahrungen sind das Potenzial, auf dem Sie Ihre Seniorenkarriere aufbauen können. Nutzen Sie es und fügen Sie alten Erfahrungen neues Wissen hinzu. Das nächste Kapitel zeigt Ihnen Wege auf.

Kapitel 4

Auf zu neuen Ufern

Vorruhestandsregelungen sind ein Auslaufmodell. Rente mit 60? Das war einmal. Aber was kommt dann? Wer 30, 40 Jahre lang ein und denselben Job gemacht hat, der will vielleicht mehr. Nachholen, was er versäumt hat, sein Hobby zum Beruf machen, dem grauen Winter hierzulande dauerhaft den Rücken kehren. Fantasien und Ideen gibt es viele, nur häufig fehlt Senioren der Mut, sie in die Realität umzusetzen. Doch warum ist das so?

Die Diskussionen um den »demografischen Wandel« und um »lebenslanges Lernen« haben Konjunktur. Einerseits ist schon lange klar, dass auch die Aus- und Weiterbildung von älteren Erwachsenen nicht vernachlässigt werden darf, denn durch die geburtenschwachen Jahrgänge wird der Bedarf an hoch qualifizierten älteren Arbeitnehmern wachsen. Aus kognitiver Sicht ist das Lernen in fortgeschrittenem Alter kein Problem, allein es fehlt noch an Motivation und Zutrauen – bei den Arbeitgebern wie bei den Senioren selbst.

Zwar werden die Älteren hoch eingeschätzt in Bezug auf Loyalität, Zuverlässigkeit und Umgang mit Kunden, doch hinsichtlich Flexibilität und Anpassungsfähigkeit werden die älteren schlechter bewertet als jüngere Kollegen. Dafür gibt es allerdings keinen Grund, denn: Die kognitive Leistungsfähigkeit – also alle Prozesse, die mit Gedächtnis, Lernen und Denken zu tun haben – lässt schon Mitte, Ende 20 messbar nach.

Einig ist sich die Wissenschaft, dass mentale Prozesse mit zunehmendem Alter langsamer ablaufen. Zwar verarbeiten die Älteren Informationen nicht so schnell wie Jüngere, aber das bedeutet nicht, dass ihre Lernfähigkeit abnimmt. Was alten Menschen fehlt, wird durch Erfahrung kompensiert. Das Ergebnis ist also das Gleiche.

Nun ist berufliches Lernen zudem etwas anderes als das, was man aus der Schulzeit in Erinnerung hat. Es geht nicht um das Einpauken von Lerninhalten, es ist kein Lernen auf Vorrat, sondern ein Erkennen von (vielleicht neuen) Zusammenhängen – und dabei wiederum ist Erfahrung wichtig. Außerdem ist das Ziel von Weiterbildung im Alter ein anderes; die älteren Menschen wollen nicht hoch gesteckte (Karriere-)Ziele erreichen, sondern das, was sie wissen, effektiver, zeitgerechter einsetzen.

Schließlich ist es wieder der Mut bzw. das Zutrauen in die eigenen Fähigkeiten, was allem Neuen eine Chance verwehrt. Viele ältere Menschen sind »lernängstlich« oder »lernentwöhnt« und programmieren sich schon allein deshalb auf Misserfolg. Die Kraft der Veränderung liegt also einmal mehr in uns selbst und deshalb ist es so wichtig, sich über alle Möglichkeiten zu informieren, die ein neues, vielleicht besseres, Leben bereithält. Ob das Glück nun hier oder anderswo liegt, bleibt dem persönlichen Geschmack vorbehalten. Aber der Fantasie einmal freien Lauf zu lassen, das ist in jedem Alter erlaubt.

»Ich habe meinem Beruf eine Berufung hinzugefügt.«

»Ich war nie der Typ Frau, der die Hände in den Schoß gelegt hat. Ich hatte immer irgendetwas zu tun. Nachdem mein Mann früh gestorben war, habe ich meine zwei Kinder allein erzogen. Als Lehrerin kann man ja Beruf und Familie ganz gut verbinden. Ich habe meinen Beruf geliebt, bis zum Ende. Doch als ich schließlich in Rente ging, war da keine Bitterkeit, kein Abschiedsschmerz. Dieses Kapitel meines Lebens war abgeschlossen, ein neues sollte beginnen.

Das sagt sich so leicht: Etwas Neues sollte beginnen. Aber so einfach war das nicht. Ich habe versucht, eine nette ›Rentnerin‹ zu sein, aber so richtig abendfüllend war das Programm nicht. Ich wollte noch mehr vom Leben, noch mehr von der Welt sehen, noch mehr erleben.

Aber wie stellt man das an? Ich habe dieses und jenes ausprobiert, aber so richtig erfüllend fand ich das alles nicht, weder meine Hobbys noch meine häuslichen Pflichten. Beim Stöbern durch die Stellenangebote blieb ich immer wieder bei denen stecken, in denen wohlhabende Eltern versierte Kindermädchen suchten. Na ja, das mit dem ›Mädchen‹ war ja bei mir schon eine Weile her, aber Erfahrung im Umgang mit Kindern hatte ich ja allemal. Warum also daraus kein Kapital schlagen? Meine ersten beiden Bewerbungen waren ein Flop. Nicht, dass ich nicht geeignet gewesen wäre, aber mich mit verzogenen Rotzlöffeln rumzuschlagen, dazu hatte ich überhaupt keine Lust mehr. Beim dritten Anlauf hatte ich dann Glück. Seit zwei Jahren nun betreue ich ein kleines Mädchen (sie wird bald drei). Ihre Mutter ist viel geschäftlich unterwegs und dann bin ich immer mit dabei. Als Leih-Oma jette ich so um die halbe Welt und habe inzwischen mehr davon gesehen als in den 60 Jahren zuvor. Jetzt, wo die kleine auch in den Kindergarten geht, wird es etwas ruhiger, aber gereist wird immer noch viel und einen Kindergarten kann man ja schlecht mitnehmen – mich allerdings schon.

Meine eigenen Kinder sind fast ein bisschen neidisch auf meinen neuen Job, aber egal, man muss das Leben eben genießen, so lange es geht. Und damit bin ich gerade sehr beschäftigt. So, und jetzt muss ich zum Flughafen. Heute Abend fliegen wir nach Australien ...« Anna (67)

Brainstorming: Perspektiven entwickeln – Horizonte öffnen

Sie suchen, nachdem Sie aus dem Erwerbsleben ausgeschieden sind, nach einem neuen Lebensinhalt? Wollen Sie geistig fit und rege bleiben und Ihre geistigen Fähigkeiten trainieren oder geistige Kräfte reaktivieren? Wollen Sie selbst geistig gefordert und zum Nachdenken angeregt werden? Möchten Sie Ihr Allgemeinwissen erweitern oder spezielle Interessen verbreitern und vertiefen? Wollen Sie Ihre Neugier und Ihr Interesse befriedigen? Möchten Sie Kontakt und Gelegenheit zum Gespräch mit jüngeren Menschen und Gleichaltrigen haben? Wollen Sie sich einen Jugendtraum erfüllen oder etwas verwirklichen, wozu Sie früher aus welchen Gründen auch immer nicht gekommen sind?

Wenn Sie einige dieser Fragen mit einem »Ja« antworten, dann sind Sie hier absolut richtig. Der beste Nährboden, auf dem ein Neuanfang gedeihen kann, ist ein gewisses Maß an Langeweile. Daraus erwächst der Mut, den Gedanken freien Lauf zu lassen und neue Ideen für die Zukunft zu entwickeln. Nehmen Sie jedes Stichwort, das Ihnen in den Sinn kommt, auf – auch wenn es im ersten Moment absurd erscheint. Denken Sie von dort aus weiter, erst mal nur so, zum Spaß … Reden Sie ruhig auch einmal mit einem Freund oder einer Freundin darüber.

Weiterdenken – Weiterbilden

Man ist nie zu alt, um noch einmal etwas Neues anzufangen. Mit neuen Ideen tut man sich zunächst schwer, wenn man gerade erst von der »Lebensader« Beruf abgeschnitten ist. Doch darin liegt auch eine ungeheure Chance, nämlich die, dem Leben noch mal eine neue, vielleicht vollkommen andere Richtung zu geben.

Zwei Wege liegen nun vor Ihnen: Der eine ist wohl bekannt, basiert er doch auf den altbewährten Fähigkeiten, die Sie sich in Ihrem Beruf angeeignet haben. Wenn Sie weiterdenken, dann müssen Sie überlegen, was Sie daraus machen wollen. Oft genügt schon eine Weiterbildungsmaßnahme (zum Beispiel PC-Kenntnisse zu perfektionieren), um die bestehende Basis konkurrenzfähig zu machen. Der zweite Weg, den Sie gehen können, ist der einer völligen Neuorientierung. Das ist nicht besser oder schlechter als auf Bewährtes zurückzugreifen, es ist eben nur ganz anders. Dafür braucht man allerdings mehr Zeit, denn um neue Fertigkeiten zu erlernen, bedarf es sorgfältiger Planung und ausreichenden Engagements.

Und Sie haben keinen Mangel an Zeit, um noch etwas zu unternehmen.

Ältere Erwachsene lernen – wie gesagt – anders als Jüngere: Die Geschwindigkeit des Lernens verlangsamt sich; sie brauchen mehr Zeit beim Lösen von Aufgaben, aber sie lösen die Aufgaben nicht schlechter. Lernen heißt, neue Erfahrungen sammeln, sich mit einer verändernden Umwelt und einer sich verändernden Leistungsfähigkeit auseinanderzusetzen, heißt: sich selbst verändern. Ein solches Lernen ist nicht nur das ganze Erwachsenenalter möglich, sondern notwendig.

Schreibt man sich selbst die Fähigkeit, Neues zu lernen, nicht ab, dann ergeben sich daraus ganz neue Perspektiven für die Zukunft. Lassen Sie sich inspirieren, beispielsweise von den Programmen der Volkshochschulen, von Universitäten, aber auch gleich von den Stellenzeigen in Ihrer Tageszeitung!

Lieblingssachen: Hobby zum Beruf machen

Berthold, 75, war in seinem anderen Leben Geschäftsführer. Jeden Morgen ging er in Anzug und Krawatte pünktlich aus dem Haus. Seine Welt waren Zahlen und Statistiken, Verkaufsprognosen und Börsenkurse. Keiner aus seiner Familie konnte sich je etwas anderes vorstellen. Und dann kam der Ruhestand, damit verbunden die große Langeweile. Zumindest dachte das jeder, der ihn kannte. Doch Berthold hielt sich nicht lange mit einer Sinnkrise auf, er ging los und begann sein neues Leben. Mit Pinsel, Farben und Leinwand bewaffnet kam er von seiner Einkaufstour zurück und gestaltete kurzerhand sein heimisches Büro in eine Künstlerwerkstatt um. Seit zehn Jahren malt Berthold nun, er hat ein paar Kurse besucht, war 14 Tage auf Kreativurlaub in der Toskana und hatte mit knapp 70 Jahren seine erste Ausstellung. Ab und zu verkauft er ein Bild, doch Auftragsmalereien bringen inzwischen mehr als ein Zubrot.

Oder Katharina, 68: In der Adventszeit steht sie tagtäglich in einem kleinen Verkaufsstand auf dem Weihnachtsmarkt der Gemeinde und verkauft Kerzen. Diese produziert sie im Lauf des Jahres am heimischen Küchentisch. Was sie aus Wachs zaubern kann, findet reißenden Absatz. Und der Gewinn, den Sie in vier Wochen Vorweihnachtszeit erwirtschaftet, bessert Ihre Rente das Jahr über auf. »Früher habe ich nur so zum Spaß und für die Familie Kerzen gestaltet. Dann kamen auch Aufträge von Bekannten und Freunden hinzu. Inzwischen habe ich durch den Weihnachtsmarkt einen kleinen Kundenstamm aufgebaut und das Geschäft läuft prima.«

Berthold und Katharina haben es geschafft, ebenso wie Roland und Maria – sie alle haben ihr Hobby zum Beruf gemacht oder betreiben ihr Hobby zumindest so professionell, dass sie damit ein paar Euro hinzuverdienen können. Roland, 68, züchtet Bienen und verkauft den Honig; Maria, 70, stellt aus den Früchten Ihres Obstgartens Marmeladen her und setzt Liköre an. Es gibt unzählige Beispiele, bei denen sich aus einer Leidenschaft, auch noch ein (mehr oder minder) einträgliches Geschäft machen lässt.

Nur wenigen gelingt es indes, damit allein den Lebensunterhalt zu bestreiten. Denn auch wenn man sein Hobby noch so sehr liebt, es gehört immer auch eine Menge Disziplin dazu, ausreichend Zeit damit zu verbringen.

Gisela, 64, macht es andersherum. Sie weiß, dass sie mit Ihrer Leidenschaft – den Tieren – per se nicht genügend Geld verdienen würde, um daraus ein einträgliches Geschäft zu machen. Deshalb verdient sich die Diplom-Mathematikerin ihr Zusatzgeld mit Nachhilfeunterricht. Damit finanziert sie sich derzeit ihre Ausbildung zur Tierpsychologin.

Kleinunternehmerregelung

Fallen bei Beginn der selbstständigen Tätigkeit nur geringe Kosten an und wird hauptsächlich an Privatkunden verkauft ist die Kleinunternehmerregelung eine gute Sache. Sie bewirkt, dass ein Unternehmer (egal, ob freiberuflich, gewerblich oder nebenberuflich) von der grundsätzlichen Verpflichtung, seine Umsätze mit Umsatzsteuer zu belasten, befreit wird. In der Praxis bedeutet das, dass der Unternehmer in seinen Rechnungen keine Umsatzsteuer ausweisen darf. Im Gegenzug kann der Kleinunternehmer auch keine Vorsteuern, Erwerbssteuern oder Einfuhrumsatzsteuern vom Finanzamt wiederbekommen.

Wie wird man Kleinunternehmer?

Grundsätzlich ist jeder Unternehmer Kleinunternehmer, sofern er innerhalb der Gesamtumsatzgrenzen bleibt, diese liegt bei 17 500 Euro in Jahr. Im Fragebogen zur steuerlichen Erfassung, den der Gewerbetreibende kurz nach der Gewerbeanmeldung erhält, wird er jedoch gefragt, ob er diese Regelung beibehalten oder lieber darauf verzichten möchte. Liegt er also unter den Gesamtumsatzgrenzen, kann er wählen zwischen der Regelversteuerung und dem Kleinunternehmerstatus.

Seniorenstudium: Noch mal mit Gefühl

Die Motive für ein Seniorenstudium sind sehr unterschiedlich: Es gibt Menschen, die im beruflichen Ruhestand ihre Zeit sinnvoll und mit persönlichem Gewinn gestalten möchten. Das Training geistiger Fähigkeiten ist ihnen sehr wichtig, ebenso der Wunsch, das Allgemeinwissen zu erweitern. Manche suchen eine Weiterbildung, weil sie spezielle Interessen haben und diese vertiefen möchten. Andere haben schlicht Nachholbedarf: In der Jugend oder in der Familienphase mussten sie vielleicht auf (Aus- oder Weiter-)Bildung verzichten und möchten jetzt Versäumtes nachholen. Vor allem bei Frauen ohne Abitur oder vorhergehendes Studium scheint dieser frühere Bildungsverzicht ein wichtiges Motiv zu sein.

Welche Studienmöglichkeiten gibt es für Senioren?

Für ältere Erwachsene und Senioren bestehen verschiedene Möglichkeiten, an einer deutschen Hochschule zu studieren.

Ordentliches Studium: Ein reguläres Studium ist an eine formale Hochschulzugangsberechtigung wie das Abitur gebunden. Inhalt und Aufbau sind durch eine Studienordnung geregelt. Ältere Erwachsene mit Hochschulzugangsberechtigung können an allen deutschen Universitäten ein Studium aufnehmen. Je nach Fachrichtung können zudem Zulassungsbeschränkungen bestehen. Meist gibt es einen Lehrplan mit Pflichtveranstaltungen. Während des Studiums müssen in der Regel Leistungsnachweise in Form von Seminarscheinen und Zwischenprüfungen erbracht werden. Das Studium schließt mit einer Hochschulprüfung (z.B. ein Diplom) ab. Nach einem erfolgreichen Diplom- oder Magisterstudium kann eine Promotion angestrebt werden. Ältere Erwachsene mit Hochschulzugangsberechtigung können an allen deutschen Universitäten ein Studium aufnehmen. In der Bundesrepublik Deutschland verfolgen schätzungsweise 3500 bis 6500 ältere Erwachsene ein ordentliches Studium an einer Universität.

Gasthörerstudium: Ein Gasthörerstudium dient der Weiterbildung auf einzelnen Studiengebieten. Wer sich in einzelnen Wissensbereichen weiterbilden und seine Kenntnisse auffrischen möchte, ohne Prüfungen oder einen Abschluss anzustreben, kann Gaststudierender werden. Das Abitur oder eine andere Hochschulzugangsberechtigung sind in der Regel keine Voraussetzung für eine Gasthörerschaft. Die Organisation des Gasthörerstudiums obliegt oft einer speziellen Einrichtung der Hochschule, dort gibt es Informationen über Zulassung, Studiengebühren usw.

Gasthörern steht in der Regel ein breites Fächerspektrum zur Auswahl mit Ausnahme von Fächern mit Zulassungsbeschränkungen oder speziellen Seminaren oder Übungen. Die Möglichkeit einer Gasthörerschaft besteht an allen deutschen Universitäten. Schätzungsweise 3500 bis 6000 ältere Erwachsene nehmen in der Bundesrepublik Deutschland die Möglichkeit der Gasthörerschaft an einer Universität oder Gesamthochschule in Anspruch.

Seniorenstudium: Das Seniorenstudium ist ein spezielles Gasthörerstudium. Seniorenstudenten sind in der Regel als »besondere Gasthörer« eingeschrieben. Von einem normalen Gasthörerstudium unterscheidet sich das Seniorenstudium meist dadurch, dass die Hochschule das Studium der älteren Erwachsenen und Senioren durch spezielle Beratungs-, Orientierungs- und Begleitveranstaltungen unterstützt. Allerdings gibt es in Deutschland kein einheitliches Modell eines Seniorenstudiums. Häufig unterstützt die Hochschule durch ein spezielles Vorlesungsverzeichnis die Orientierung der studieninteressierten Älteren. Meist sind weder Studieninhalte noch Studiendauer verbindlich vorgeschrieben. Ein Bildungsangebot für Senioren wird von den Hochschulen »Seniorenstudium« genannt, wenn z.B. die regulären Lehrveranstaltungen für ältere Erwachsene zugängig sind, aber auch wenn ein strukturiertes Studienprogramm vorliegt oder wenn eine nachberufliche Qualifizierung angestrebt wird. Und selbst für eine Vortragsreihe, die von älteren Erwachsenen gehört werden kann, wird (in seltenen Fällen) die Bezeichnung Seniorenstudium verwendet. Meist sind weder Studieninhalte noch Studiendauer verbindlich vorgeschrieben. Rund 50 Hochschulen in Deutschland bieten die Möglichkeit zur Teilnahme an einem Seniorenstudium an. Fast 25 000 ältere Erwachsene und Senioren sind an deutschen Universitäten als Seniorenstudierende eingeschrieben.

Wie sieht der Studienalltag aus?

Nur die als »ordentliche« Studenten eingeschriebenen Senioren absolvieren ein Vollstudium mit dem entsprechenden zeitlichen Engagement. Seniorenstudenten dagegen wollen in der Regel kein in vollem Umfang wissenschaftliches Studium. Die Mehrzahl von ihnen besucht nur wenige Lehrveranstaltungen an der Hochschule. Für rund zwei Drittel beträgt der Zeitaufwand für die Teilnahme an Vorlesungen und Seminaren nur drei bis vier Stunden in der Woche; für Vor- und Nachbereitung werden nochmals bis zu zwei Stunden wöchentlich eingeplant.

Das restliche Drittel der Seniorenstudenten ist zeitlich stärker im Seniorenstudium engagiert. Sie interessieren sich überwiegend für die Geisteswissenschaften. Die Fachgebiete Geschichte, Literatur und Sprachen sind bei Älteren besonders beliebt. Ältere Studierende interessieren sich verstärkt auch für soziale und psychologische Themen. Die Unterschiede zwischen Männern und Frauen in den thematischen Vorlieben sind klar zu erkennen. Während ältere Frauen sich mehr für Literatur, Sprachen und Psychologie interessieren, wählen ältere Männer auch gesellschaftliche und wirtschaftliche Themen.

Welche Auswirkungen hat ein Studium auf ältere Studierende?

Das Studium hat vor allen Dingen Folgen für die Alltagsgestaltung – ein Leben nach Stundenplan gab es ja bei den meisten schon lange nicht mehr. Im Vordergrund stehen jedoch neue Kontakte und die persönliche Entwicklung. Bei einer Umfrage unter Seniorenstudenten kam heraus: »Für die meisten hat das

Studium zum Nachdenken und zur Beschäftigung mit verschiedenen Themen angeregt. Viele haben neue Interessen entwickelt. Auch fühlen sich die meisten in ihrer Leistungsfähigkeit bestätigt. Das Studium hat neue Erkenntnisse gebracht, die sogar als relevant für die eigene Alltagsgestaltung angesehen werden. Viele ältere Studierende geben an, dass der Lebensalltag interessanter und abwechslungsreicher und die nachberufliche und nachfamiliäre Lebensphase insgesamt durch das Studium mit mehr Inhalt gefüllt wird.«[17]

Organisation des Studiums

Immatrikulation: Für die Aufnahme des Seniorenstudiums ist eine Einschreibung oder eine Anmeldung vorzunehmen. In der Regel ist die Zulassung als Gasthörer/-in erforderlich. Abitur oder eine andere Hochschulzugangsberechtigung ist nicht notwendig. Die Anmeldung zum Seniorenstudium erfolgt in der Regel bei der Studienabteilung der Hochschule; dort gibt es auch die entsprechenden Anmeldeformulare. Die Anmeldung muss für jedes Semester neu vorgenommen werden.

Belegung: Die Belegung ist eine schriftliche Absichtserklärung, bestimmte Lehrveranstaltungen zu besuchen, verbunden mit der Eintragung ins Studienbuch oder in den Belegbogen. An einigen Hochschulen ist keine Belegung im Rahmen des Seniorenstudiums erforderlich.

Gebühren: Fast alle Universitäten verlangen von ihren Seniorenstudenten eine Gasthörergebühr. Die Gebührenhöhe ist von Hochschule zu Hochschule unterschiedlich; manchmal richtet sich die Gebührenhöhe nach der Anzahl der besuchten Lehrveranstaltungen. In Einzelfällen gewähren einige Universitäten eine Reduzierung der Gasthörergebühr.

Zertifikate/Studienbescheinigung: Auf besonderen Wunsch der Seniorenstudenten kann eine Bescheinigung über die Teilnahme am Gasthörer-/Seniorenstudium ausgestellt werden. Darin werden die besuchten Lehrveranstaltungen dokumentiert.

Formen von Lehrveranstaltungen: Eine Vorlesung ist eine Lehrveranstaltung, bei der ein Dozent oder eine Dozentin einen Vortrag zu einem ganz bestimmten Thema hält. Meist ist Gelegenheit zu Rückfragen gegeben, manchmal ist eine Diskussion möglich. Eine Vorlesung kann über mehrere Semester fortgesetzt werden. Oft hat eine Vorlesung das Ziel, die Zuhörer in ein Wissenschaftsgebiet einzuführen. Von den Zuhörern wird die Vor- und Nachbereitung des Vorlesungsstoffes erwartet. Dazu dienen die Literaturhinweise, die von den Dozierenden gegeben werden.

Ein Seminar ist im Gegensatz zur Vorlesung eine Veranstaltung, die einem wissenschaftlichen Gespräch ähnlich ist. Je nach Studienfach, räumlichen Voraussetzungen der Hochschule, Attraktivität der Thematik usw. variiert die Teilnehmerzahl; in der Regel umfasst ein Seminar einen Kreis von 15 bis 30 Studenten/-innen. Im Seminar ist eine inhaltliche Mitarbeit der Studierenden in Form von Referaten und Diskussionsbeiträgen gefordert. Gaststudenten sind in der Regel von der Pflicht zur Übernahme eines Referats ausgenommen. Es ist sinnvoll – und manchmal wird es zur Voraussetzung gemacht –, vor einem Seminar ein Proseminar zu besuchen.

Ein Proseminar ist ein Seminar im Grundstudium. Diese Lehrveranstaltung richtet sich an Studienanfänger und hat einführenden Charakter. Es wird anhand eines ausgewählten Problems in den jeweiligen Teilbereich des Fachs eingeführt. Manchmal besteht auch die Möglichkeit, die Arbeitstechniken zum wissenschaftlichen Arbeiten allgemein und für das spezielle Fach zu erlernen.

Eine Übung bietet die Möglichkeit zum Lösen meist praktischer Aufgaben. Oft ist eine Übung bezogen auf den Inhalt einer Vorlesung.

Ein Kolloquium ist eine seminarähnliche Lehrveranstaltung, bei der Gespräche zwischen Lehrenden und Studierenden über ein wissenschaftliches Thema im Vordergrund stehen.

Aufbruchsstimmung: Goodbye Deutschland

Die Rentenzeit am Strand verbringen. Unter Palmen alt werden. Viele Menschen träumen von einem Lebensabend im sonnigen Süden. Doch der Ruhestand im Ausland will gut überlegt sein. Denn nicht immer machen sich ältere Auswanderer realistische Vorstellungen von ihrem Leben in der Fremde.

Falsche Ansichten gibt es häufig beispielsweise über die Lebenshaltungskosten im Ausland. In klassischen »Sehnsuchtsländern« wie etwa Spanien ist das Leben heute nicht preiswerter als in Deutschland. Aus deutscher Sicht gibt es zwar etliche Staaten, in denen es sich günstig leben lässt, das künftige Gastland sollte man jedoch vorrangig nach seiner eigenen Liebe zu Land und Kultur aussuchen – und nicht unter preislichen Aspekten. Den Ort, an dem man seinen Lebensabend verbringen will, sollte man nicht nur aus dem Urlaub kennen, raten deshalb Experten. Wer etwa vorrangig wegen des Klimas auswandern will, muss den gesamten Jahresverlauf in seine Überlegungen einbeziehen, Sommerhitze oder kühlfeuchte Wintermonate inklusive. Auch die Mentalität der Menschen sollte man im Alltag auf sich wirken lassen. Ein gemächliches Lebenstempo ist vielen im Urlaub angenehm, auf Dauer aber zu anstrengend.

Trotzdem wagen viele Senioren den Schritt, wie zum Beispiel Charlotte, 67. Sie ist Rentnerin aus Berlin, lebt seit zwei Jahren in Spanien und erhält ihre Rente pünktlich jeden Monat auf ihr Konto in La Palma überwiesen. Dazu musste sie der Rentenversicherung nur die Internationale Bankleitzahl (Bank Identifier Code, kurz BIC) und die Internationale Kontonummer (International Bank Account Number, kurz IBAN) mitteilen. Sie hätte sich das Geld auch auf ein Konto in Deutschland überweisen lassen können. Macht sie aber nicht, denn so ist es für sie praktischer.

Ob Spanien, Neuseeland oder Kalifornien: Wem in Deutschland Rente zusteht, der bekommt sie auch dorthin gezahlt, wo er sich aufhält. »Grundsätzlich zahlen wir alle Renten aus der Deutschen Rentenversicherung auch ins Ausland«, erklärt der Deutsche Rentenversicherung Bund. Hier kann es aber von Land zu Land Unterschiede geben. Deshalb gilt: Vor einem Umzug in ein anderes Land unbedingt eine der Beratungsstellen der Deutschen Rentenversicherung aufsuchen.

Deutsche Rente gibt es auch auf die Fidschi-Inseln oder nach Grönland. Über 1,4 Millionen Renten werden monatlich ins Ausland überwiesen. Unabhängig davon, wohin die Altersbezüge überwiesen werden: Einmal jährlich prüft der Rentenversicherungsträger, ob der Empfänger noch lebt und die Rente weiter gezahlt werden kann.

Nicht immer ist es so einfach wie bei Charlotte. Denn auch in der Rentenversicherung gibt es Ausnahmen von der Regel:

Ein Beispiel: Franz, 87, Vertriebener aus dem Sudetenland, wollte zu seinem Sohn nach Holland ziehen. Ihm konnte seine Rente nicht in voller Höhe ins Ausland überwiesen werden. Der Grund: Die Höhe der Auslandsrente hängt von den Versicherungszeiten ab. So genannte Reichsgebiets-Beitragszeiten außerhalb des heutigen Bundesgebiets und Zeiten nach dem Fremdrentengesetz, das unter bestimmten Vo-

raussetzungen die Berücksichtigung ausländischer Zeiten in der deutschen Rentenversicherung ermöglicht, werden nicht ins Ausland gezahlt. Wer solche Zeiten im Rentenkonto aufweist, für den ist die Auslandsrente entsprechend niedriger als die Rente bei einem Aufenthalt in Deutschland.

Trotzdem zieht es viele Rentner ins Ausland, auch, weil dort oft die Lebenshaltungskosten günstiger sind als hierzulande und man deshalb mit dem Renteneinkommen besser auskommen kann. Auch bieten sich manchmal im Ausland einfach bessere Chancen, zum Rentenentgelt etwas hinzuzuverdienen. Wer das allerdings tut, der unterliegt ebenso wie daheimgebliebene Rentner dem Rentenbesteuerungsgesetz (vgl. Kapitel 1).

Nicht ganz neu, aber immer wieder reizvoll ist der »amerikanische Traum«, also seinen Lebensabend in einem der sonnigen Seniorenstädte, Sun-Cities, zu verbringen. Diese gibt es mittlerweile nicht nur im fernen Amerika, auch in Europa macht das Modell Schule, vor allem in Holland.

Zum Beispiel: Sun City, USA

Es ist eine seltsame kleine Enklave, die sich auf einem 11 x 3 Kilometer großen Areal hinter mannshohen Mauern im Nordwesten von Phoenix erstreckt. Weiß getünchte Bäume säumen unter stahlblauem Himmel menschenleere Straßen mit freundlich-schlichten Häuschen. Das ist Sun City. 40 000 Menschen, Durchschnittsalter 73,5 Jahre, begehen hier, unter der ewigen Sonne Arizonas, den Herbst ihres Lebens.

Und den wollen sie in vollen Zügen genießen. »Sun City ist der maßgeschneiderte Gegenentwurf zur Perspektivlosigkeit der Lebensjahre nach der Aussortierung aus der Produktionsgesellschaft«, erklärte damals der Initiator. Heute bietet das Altersheim in Kleinstadtgröße vom eigenen

Grundstück über betreutes Wohnen bis zum Hospiz alle Stationen des Alterns. Neben den Freizeitaktivitäten gibt es zahllose Handwerksstätten und Interessenverbände: Stricken, Schmieden, Tischlern, Gärtnern, Malen, Weben, Töpfern, Musizieren und Theaterspielen sind im Angebot.

»Eigentlich hat man in Sun City gar keine Zeit, alt zu werden«, erklärt eine deutsche Bewohnerin. Sie entdeckte mit 81 Jahren ein Interesse aus ihrer Jugend aufs Neue. In der Silberschmiedewerkstatt von Sun City entwirft und fertigt sie nun kunstvoll Schmuck. Zur Ruhe hat sich auch Hans, 72, noch lange nicht gesetzt. Als der gelernte Drucker vor sieben Jahren in Rente ging, konnte er es nicht ertragen, »nur herumzusitzen«. Heute ist er als Nachlassverwalter von Sun City sechs Tage in der Woche beschäftigt.

Manche Bewohner in Sun City kommen im Pflegefall allerdings auch an ihre finanziellen Grenzen – trotz einer Art Solidarfonds wird dann das Leben in Sun City kaum bezahlbar. Nicht alle Bewohner, die es sich leisten konnten, hier ein kleines Häuschen zu kaufen, kommen ohne zusätzliche Einnahmen aus. Manche arbeiten in normalen Berufen in der nahen Millionenstadt Phoenix, andere verdingen sich im Supermarkt oder als Parkwächter. Doch das ist eine Minderheit.

So ein Schritt will natürlich gut überlegt sein. Auf keinen Fall – so raten Experten – sollte man aber aus seiner deutschen Krankenversicherung austreten. »Die Rückkehr in die gesetzliche Versicherung ist als Rentner unmöglich und auch die privaten nehmen solche Bewerber meist nicht an«, warnen Experten der Deutschen Rentenversicherungsanstalt.[18]

Da sich die nationalen Regelungen und Standards in der Gesundheitsversorgung voneinander unterscheiden, empfiehlt es sich, eine zusätzliche Auslandskrankenversicherung abzuschließen. Darüber hinaus darf man die Themen Krankheit, Alter und Tod nicht verdrängen. Auch sollte man seine finanziellen Mittel realistisch einschätzen und sich ein Polster für einen möglichen Neuanfang in Deutschland zurücklegen.

Traumfänger: Wenn nicht jetzt, wann dann?

Einen Neuanfang sollten Sie nicht auf die lange Bank schieben. Fangen Sie Ihre Träume ein, indem Sie ihnen Taten folgen lassen. Taten zählen mehr als die Falten im Gesicht. Jetzt sind Sie noch fit und gesund genug, eine zweite Karriere zu starten. Aber wie wird es morgen sein? Verschwenden Sie keine Zeit mit solchen grauen Gedanken und überflüssigen »Was wäre, wenn …«-Gedankenspielen, sondern nutzen Sie die Energie, die aus Ihren Träumen erwächst!

Kapitel 5

Lass die Leute reden ...

In Deutschland wird länger gearbeitet – und das tatsächlich freiwillig. Allerdings hat sich der Gedanke an den arbeitenden Rentner noch nicht überall durchgesetzt. Viele Menschen haben Vorbehalte und auf die trifft ein arbeitswilliger Senior nicht nur draußen, sondern auch innerhalb der eigenen Familie. Davon sollte man sich aber keineswegs den Schneid abkaufen lassen, denn die Weiterführung der Berufstätigkeit bringt für alle nur Vorteile mit sich.

Oft unterstützen Ehepartner die beruflichen Ambitionen sogar gerne, denn der Rentenantritt sorgt auch im häuslichen Umfeld für allerlei Turbulenzen und Kompetenzgerangel, der so vermieden werden kann. Der eigene Gatte bzw. die Gattin wird es jedenfalls schnell zu schätzen wissen, wenn der Job nach dem Job wieder eine sinnvolle Beschäftigung bietet. Kritischer sieht es unter Umständen der Nachwuchs, der vielleicht um den »guten Ruf« besorgt ist. Meistens brauchen alle Seiten nur Zeit, sich an den Gedanken zu gewöhnen. Und die sollte man sich gönnen. Was Sie allerdings brauchen, sind gute Argumente, denn einfach wird die Überzeugungsarbeit nicht immer werden.

Überzeugen muss man natürlich auch am neuen Arbeitsplatz – die Kollegen und Chefs beispielsweise. Weil die meisten jünger sind, wird das nicht immer einfach (siehe auch Kapitel 2). Der Gedanke, dass man weiterarbeiten will oder muss, obwohl man das Rentenziel bereits erreicht hat, erscheint vielen Menschen noch befremdlich, schürt häufig Unsicherheiten und manchmal Argwohn.

Ob innerhalb der Familie oder gegenüber künftigen Kollegen und Chefs gibt es nur eine Strategie: nicht verunsichern lassen!

Verkehrte Verhältnisse

»Mein Gott, sieht der jung aus, dachte ich, als ich vor seinem Schreibtisch stand. Unwillkürlich drückte ich mein Kreuz durch und lächelte ihn an, meinen künftigen Chef. ›Ich bin ... die Neue‹, sagte ich und kam mir im selben Moment total lächerlich vor. Ich klang wie ein aufgeregter Teenager. Aufgeregt war ich zwar, aber kein Teenager. Schon lange nicht mehr.

›Guten Tag, Frau S.‹ Der Mann, den ich in dieser Sekunde ›Chef-lein‹ taufte, stand auf und reichte mir die Hand. ›Ich freue mich, Sie in unserem Team begrüßen zu dürfen.‹ – ›Ich mich auch‹, erwiderte ich. Was mir sofort auffiel, war sein prüfender Blick. Ist sie gut genug? Blamiert sie meine Abteilung auch nicht? Diese Erkenntnis verunsicherte mich. Obwohl, warum eigentlich? Theoretisch hätte er mein Sohn sein können. Aber ich fühlte mich nicht mütterlich. Ich fühlte mich schrecklich, im Wesentlichen schrecklich alt.

So begann mein Arbeitsverhältnis mit einem Mann, der in den Windeln lag, als ich mein Studium beendete. Der Hip Hop auf seinem iPod hörte und nicht wusste, wie die vier Beatles mit vollem Namen hießen. Ein merkwürdiges Gefühl, seinen Kindern gehorchen zu müssen.

Was mich besonders wurmte, war die Tatsache, dass meine Kompetenz, so schien es mir zumindest, ständig infrage gestellt wurde. All die Erfolge und Qualifikationen, die ich in meinem Berufsleben erworben hatte, zählten hier und heute nichts mehr. Dadurch baute sich ein unendlicher Druck auf, von den Kollegen, die mich argwöhnisch beäugten, und meinem ›Chef-lein‹, der anscheinend keine Gelegenheit ausließ, mich meinen ›Sonderstatus‹ spüren zu lassen.

Nach drei harten Monaten, in denen ich von Altersarmut träumte und insgeheim schon Grundsicherung beantragte, sagte ich zu mir: ›Schluss jetzt! Du kannst die Situation nicht ändern, also dann leb mit ihr. Du hast den Job gekriegt, also kämpf darum, ihn zu behalten, und lass dir die Freude am Be-

ruf nicht verderben.‹ Das hat geholfen. Rückblickend gestehe ich ein, dass der größte Druck wahrscheinlich hausgemacht war, ich mir also selbst nicht über den Weg getraut habe und dieses Misstrauen den anderen unterstellte.« Luise (62)

D-Day: Schatz, ich bin dann mal weg ...

Wenn Paare in die Jahre kommen, dann muss nicht zwangsweise alles beim Alten bleiben. Diese Erkenntnis trifft Ehepaare und deren Kinder fast immer, wenn einer von beiden in Rente geht. Der so genannte Ruhestand ist oft nicht so ruhig wie gedacht oder erhofft. Viel häufiger ist es, dass mit dem Rentenantritt eines Partners selbst gefestigte Beziehungen (vorübergehend) in die Krise geraten. Wenn auf der einen Seite unendlich viel Zeit zur Verfügung steht und auf der anderen Seite das Leben normal weiterläuft, dann gerät die eingespielte Beziehungsbalance aus dem Gleichgewicht. Da ist auf der einen Seite die neugewonnene Freiheit, die auch eine Freiheit in den Entscheidungen mit sich bringt und die man sich so lange gewünscht hat. Doch dem gegenüber steht der Verlust von Anerkennung, die insbesondere viele Männer bislang aus der beruflichen Tätigkeit ableiten und die nun im Sande verläuft. So verführerisch einerseits der Rentenstand ist, so beunruhigend kann die Situation auch werden, wenn man sonst nichts mit sich anzufangen weiß.

Judith, 55, erzählt: »Harrys 65. Geburtstag sah die ganze Familie mit Panik entgegen. Alle fragten sich: Wie wird es sein, wenn er nicht mehr jeden Morgen ins Büro muss? Wird er stundenlang am Frühstückstisch sitzen und die Zeitung von der ersten bis zur letzten Seite lesen? Und was macht er dann? Ein Typ für Hobbys war mein Mann noch nie, er war immer ein Arbeitstier. Drei Tage vor seinem Geburtstag legte er mir einen Umschlag auf den Tisch. ›Hier, schau mal, nächste Woche fliege ich nach Thailand. Man hat mir dort einen Job angeboten. Das will ich mir mal anschauen.‹ Ich war zugleich erstaunt, wütend und erleichtert. Erstaunt, weil Harry offensichtlich ebenso besorgt um die drohende Langeweile in seinem Leben war wie der Rest der Familie. Wütend, weil er nicht früher darüber geredet hatte, und erleichtert, weil er bereits eine Lösung des Problems aus dem Hut gezaubert hatte.

Eine Woche nach dem Geburtstag saß Harry im Flugzeug nach Bangkok und sechs Wochen später war er wieder da. In der Tasche hatte er einen Beratervertrag für die nächsten zwei Jahre. Den hat er allerdings nie unterschrieben, sondern sich kurz darauf selbstständig gemacht. Jetzt reist er als ›Senior Expert‹ in eigener Sache um die Welt.«

Von Sinnkrisen beim Rentenantritt werden Männer häufiger und schwerer getroffen als Frauen. Die Frauen – so scheint es – haben immer etwas zu tun, leiden aber mit dem Partner unter dessen Identitätskrise. Deshalb ist es auch gar nicht so selten, dass sich Frauen für Ihre Männer um eine sinnvolle Aufgabe bemühen.

Das eine wie das andere Extrem tut keiner Beziehung gut: Weder sollte man selbst für sich allein die Entscheidung zu einem zweiten Karrierestart treffen noch sollte das der Partner für einen tun. Besser ist es allemal miteinander zu reden – und zwar rechtzeitig.

Jede Beziehung basiert auf einer festen Struktur, die sich im Laufe der Jahre etabliert hat. Die Schwächen des einen werden durch die Stärken des anderen ausgeglichen – so ist es im Ideal. Im Rentenstand verschieben sich diese Verhältnisse, und das erfordert eine offene Aussprache.

Umso wichtiger werden offene Worte, je schwerwiegender die Entscheidung ist, die getroffen werden soll. Der zweite Karrierestart im Rentenalter ist definitiv schwerwiegend und sollte deshalb vorab besprochen werden.

Familie: So sag ich es meinen Kindern

An sich ist es lobenswert, aber ältere Menschen werden oft vom eigenen Nachwuchs kritisch beäugt, wenn sie jetzt noch mal richtig durchstarten. Dabei ist es gleich, ob die Rentner auf Kreuzfahrt gehen oder sich um einen neuen Job bemühen, in beiden Fällen muss man mit Gegenwind rechnen. Eigentlich schade, aber anstatt sich mit den Eltern auf diesen neuen Lebensabschnitt zu freuen, lassen oft erwachsene Kinder kein gutes Haar daran. Deshalb ist es leicht nachvollziehbar, dass Eltern solche Gespräche fürchten und am liebsten meiden.

Natürlich ist man den eigenen Kindern keine Rechenschaft schuldig, aber solche schwerwiegenden Veränderungen ganz ohne sie durchzuziehen wäre auch nicht ideal. Denken Sie daran: Sie brauchen für den zweiten Karrierestart jede Unterstützung, die Sie kriegen können! Und: Lassen Sie sich vom Nachwuchs nicht für kleine Hilfsdienste verplanen oder gar ausnutzen, wenn die Alternative eine bezahlte Tätigkeit ist.

Der Eintritt ins Rentenalter wirkt wie ein Katalysator. Es ist die einmalige Chance, Altlasten über Bord zu werfen und Neues für sich zu entdecken. Erwachsene Kinder sollten und können dabei helfen, indem sie Anregungen geben, sich aber nicht einmischen. Manchmal werden Kinder hinzugezogen, wenn sich die Eltern untereinander uneins sind. Probleme nach außen zu tragen, das macht man nicht so gern. Und Schweigen ist auch keine Lösung, sondern vertagt nur die (notwendige) Auseinandersetzung.

Ideal ist es, wenn man solche Diskussionen schon im Vorfeld führt und abschließt, denn jetzt wird die Zeit knapp und grundsätzliche Entscheidungen muss sowieso jeder für sich allein treffen.

Probezeit: Wie Sie den Einstieg meistern

Eines Tages geht es tatsächlich an den Start. Das Bestehen der Probezeit ist die nächste Herausforderung. Nehmen Sie sie an! Lassen Sie sich nicht verunsichern, wenn man Ihr Benehmen und Ihre Leistungen genau beobachtet – Sie haben Ihrerseits das Recht und die Chance, zu prüfen, ob dieser zweite Karrierestart wirklich das ist, was Sie wollten. Es kann gut sein, dass Sie am ersten Arbeitstag total aufgeregt sind und an Ihrer Entscheidung zweifeln. Das ist jetzt absolut der falsche Zeitpunkt, denn Sie brauchen Ihre ganze Energie und Konzentration für die kommenden Tage und Wochen.

Die Probezeit ist, wie der Name schon sagt, eine Frist, in der Arbeitgeber und neue Mitarbeiter ausprobieren sollen, ob sie zueinander passen. Verstehen Sie also die Probezeit nicht als »Stresszeit«, in der Ihnen ständig jemand auf die Finger schaut, sondern als Gelegenheit herauszufinden, ob Sie diesen Job wirklich wollen und ob er hält, was er versprochen hat.

Dabei konzentrieren Sie sich im Wesentlichen auf drei Dinge: die neuen Aufgaben richtig anzupacken, sich ins Kollegenteam einzugliedern und mit dem (jüngeren) Chef auszukommen.

Sich als Senior in dem neuen Aufgabenbereich zurechtzufinden ist nicht einfach. Vielleicht erscheint Ihnen das eigene Berufsleben momentan meilenweit entfernt, und Sie fühlen sich plötzlich hilflos und desorientiert. Das ist nicht weiter schlimm, wenn sich dieser Zustand nicht dauerhaft etabliert. Rufen Sie sich Ihre Kenntnisse und Fähigkeiten ins Gedächtnis zurück! Am besten nimmt man die erste Hürde, indem man einfach anfängt, und wenn man nicht weiter weiß, nachfragt. Mit die wichtigste Aufgabe: Verschaffen Sie sich einen Überblick!

Wer macht was in der Firma? Wer trifft Entscheidungen, wer teilt die Arbeit ein? In der ersten Zeit am neuen Arbeitsplatz können und müssen Sie einiges hinzulernen. Ihre Lernbereitschaft liegt im Interesse der Firma. Das Alter und die Erfahrung sind

Ihre persönlichen Vorteile, mit denen Sie wahrscheinlich die meisten Strukturen leichter durchschauen als jüngere Mitarbeiter. Und: Lassen Sie sich nicht unter Druck setzen! Halten Sie sich stets vor Augen, dass Sie aus einer Sonderposition (die des Rentners) heraus diese Arbeit bewusst gewählt und angestrebt haben. Das Wollen ersetzt das »Muss«, damit lassen sich Startschwierigkeiten oft leichter beheben.

Einarbeiten – Schritt für Schritt

In der ersten Woche …

- stellen Sie sich den Kollegen vor, mit denen Sie direkt zusammenarbeiten werden;
- lesen Sie noch mal Ihre Stellenbeschreibung durch oder fragen Ihren Vorgesetzten ganz gezielt, welche Aufgaben Sie genau haben;
- bitten Sie darum, durch den Betrieb geführt zu werden;
- erledigen Sie zunächst nur die Ihnen übertragenen Arbeiten;
- erkundigen Sie sich, mit welchen Abteilungen Sie zusammenarbeiten werden.

Im ersten Monat …

- finden Sie heraus, mit welchen Abteilungen des Hauses Sie zusammenarbeiten werden, und stellen sich den entsprechenden Kollegen vor;
- informieren Sie sich über die üblichen Betriebsabläufe;
- lernen Sie die Produkt- und/oder Dienstleistungsangebote Ihrer Firma kennen;
- knüpfen Sie Kontakte zu den wichtigsten Ansprechpartnern (Kunden oder Firmenzentralen) und stellen sich vor.

Integration: So gehören Sie schnell zum Team

Jede Firma ist eine kleine Welt für sich. Es gibt Starke und Schwache, Sieger und Verlierer, Anführer und Untergebene, Gleichgesinnte und Widersacher, Realisten und Träumer. Sie alle, zusammen mit dem jeweiligen Führungsstil der Vorgesetzten und dem herrschenden Firmenimage, bestimmen die Arbeitsatmosphäre, die man landläufig als Arbeits- oder Betriebsklima bezeichnet.

Ob das Klima nun gut oder schlecht ist, locker oder steif, das muss jede Mitarbeiterin und jeder Mitarbeiter für sich selbst einschätzen. Denn jeder empfindet die Arbeitsatmosphäre anders, kommt damit gut zurecht oder fühlt sich unwohl. Objektiv lässt sich das Betriebsklima also weder konkret beschreiben noch bewerten – was dem einen gefällt, empfindet der andere als unerträglich.

Trotzdem ist das Ziel jedes Unternehmens, eine Atmosphäre zu schaffen, in dem sich die meisten Mitarbeiter wohlfühlen und im Idealfall als Team gut zusammenarbeiten.

Doch was sich hinter dieser Anforderung der guten »Teamarbeit« wirklich verbirgt, weiß kaum einer so ganz genau. Ideal ist es, wenn die Kollegen in der Tat Hand in Hand arbeiten. Das heißt, jeder packt da an, wo es gerade nötig ist, ohne seine eigene Arbeit zu vernachlässigen und ohne den anderen damit Konkurrenz zu machen. Teamarbeit ist also Zusammenarbeit im wahrsten Sinne des Wortes. Um ein guter Teamarbeiter zu sein, braucht man Organisationstalent und Improvisationsgabe, Flexibilität und ein gewisses Bedürfnis für Harmonie. Letzteres kann natürlich auch zum Bumerang werden, denn wer zu viel Wert auf Harmonie legt, der wird gerne von anderen ausgenutzt.

Als Seniorin bzw. Senior im Team nehmen Sie allemal eine Sonderposition ein. Sie sind nicht nur neu, sondern haben in der Regel auch mehr Erfahrung. Um sich in das bestehende

Team einzufinden, bedarf es daher eines besonderen Fingerspitzengefühls, um die Balance im Team nicht ins Wanken zu bringen.

Wie man seinen Platz im Team findet, hängt von den persönlichen Voraussetzungen ab. Dabei muss sorgsam unterschieden werden zwischen Arbeitsbereich und Stellung innerhalb des Kollegenteams. Während das erste etwas ist, was im Arbeitsvertrag festgeschrieben ist, ist das zweite etwas, was man sich erarbeiten muss. Denn im Umgang der Kollegen unter sich herrschen eigene Gesetze und Regeln, mit denen man sich erst einmal vertraut machen muss. Nicht selten wird für diese Stellung der Kollegen zueinander der Begriff »Hackordnung« gewählt, der aus der Verhaltensforschung kommt und ursprünglich die Rangordnung auf dem Hühnerhof beschreibt. Auch im Kollegenteam sind Stellungskämpfe der gültigen Hackordnung vorausgegangen. Nun kommen Sie als Neuer/Neue ins Team und stehen in der Kollegen-Hierarchie erst einmal am unteren Ende der Hühnerleiter. Eigentlich würde Ihnen allein vom Alter her eine höhere Position zustehen, aber als Rentner haben Sie auch innerhalb des Teams einen Sonderstatus – zumindest zu Anfang. Normalerweise zählt lange Betriebszugehörigkeit mehr als kurze, Alter geht vor Jugend und Redegewandtheit vor Schweigsamkeit. Aber einen Rentner als Kollegen zu haben ist eben noch nicht normal.

Für einen günstigen Platz in der Hackordnung unter den Kollegen brauchen Sie vor allem eins: Geduld und Einfühlungsvermögen. Geduld ist wichtig, weil Sie erst mit der Zeit den anderen klarmachen können, dass Sie trotz Ihres Alters und Ihrer Erfahrung ihnen keine Konkurrenz machen wollen. Wozu auch – Sie haben Ihr Ziel ja bereits erreicht. Und den anderen Teammitgliedern eben das klarzumachen erfordert Einfühlungsvermögen. Dabei bringt es nicht viel, wenn Sie sich defensiv und zurückhaltend zeigen. Beziehen Sie ruhig Position, bleiben Sie aber dennoch höflich und liebenswürdig. Es gilt, den richtigen Mittelweg zwischen Zurückhaltung und Engagement zu finden.

Wahrscheinlich ist es Ihnen unangenehm, wenn Sie im eingeschworenen Kollegenteam so für Aufregung sorgen, doch das dürfen Sie nicht zu persönlich nehmen. Überzeugen Sie in erster Linie durch fachliche Kompetenz und erst in zweiter Linie als netter Mensch.

So gewinnen Sie die Kollegen für sich

Ob man gleich mit den Kollegen zurechtkommt oder nicht, hängt immer von der Ausgangssituation ab. Ein Pluspunkt für Sie ist es, wenn so viel Arbeit da ist, dass jede Hand buchstäblich gebraucht wird. Typische Probleme, die auftauchen können, sind folgende:

1. Problem: Neue Leute bringen neue Ideen.
   Das ist eine Binsenweisheit, die aber meistens zutrifft und vor der viele, vor allem ebenfalls ältere Kollegen Angst haben. Sie befürchten, dass Neulinge Gewohnheiten infrage stellen.

2. Problem: Der/Die Neue, das unbekannte Wesen.
   Die Befürchtungen der Kollegen treiben die verrücktesten Blüten, solange sie nicht wissen, mit wem sie es zu tun haben. Unwissenheit baut Ängste auf, also befriedigen Sie die Neugier der Kollegen – allerdings nur in dem Maß, in dem es notwendig ist, um wieder Frieden einkehren zu lassen.

3. Problem: Guter Rat kommt teuer zu stehen.
   Selbst wenn Sie den neuen Kollegen noch so gerne ein paar gut gemeinte Ratschläge geben möchten, lassen Sie es anfangs besser bleiben. Und wenn Sie sich gar nicht zurückhalten können, dann formulieren Sie es als Frage. (Kann man das vielleicht auch so machen?) Guter Rat von Senioren im Job wird leider oft als Besserwisserei ausgelegt.

Statt sich auf Probleme zu konzentrieren, sammeln Sie besser Pluspunkte – und zwar so:

- *Zurückhaltung üben:* Auch wenn Sie manches besser wissen und neue Ideen haben: Halten Sie sich zurück. Setzen Sie Ihre Kräfte und Ihr Können gezielt ein – und zwar so, dass es nicht nur ein Erfolg für Sie selbst ist, sondern ein Erfolg für das ganze Team. Machen Sie sich zudem nützlich, indem Sie Kleinigkeiten für andere übernehmen.
- *Andere um Rat bitten:* Geben Sie sich anfangs nicht zu selbstsicher, sondern fragen Sie andere auch mal um Rat. Dadurch signalisieren Sie, dass Sie die Kollegen akzeptieren und deren Erfahrungen zu schätzen wissen.
- *Keine Partei ergreifen:* Solange Sie die internen Beziehungen und Verhältnisse noch nicht genau kennen, halten Sie sich mit Urteil und Kritik an anderen zurück. Ergreifen Sie keine Partei für einzelne Kollegen, sondern versuchen Sie sich eher als Vermittler.
- *Mit Teilerfolgen zufrieden sein:* Sie können nicht die Herzen aller Kollegen im Sturm erobern, seien Sie also bescheiden. Nutzen Sie die Sympathien, die Ihnen entgegengebracht werden, und geben Sie sich anfangs mit Teilerfolgen zufrieden.

Junge Vorgesetzte: Wie Sie Anerkennung finden

Man kann es drehen und wenden, wie man will: Der Chef bzw. die Chefin hat das Sagen und damit auch großen Einfluss darauf, wie es Ihnen im neuen Job gefällt. Fast immer wird es so sein, dass Sie älter als Ihr Vorgesetzter sind. Daraus können sich natürlich spezifische Probleme ergeben, die Sie jedoch geschickt lösen können und müssen.

Vergessen Sie nicht: Ihr Alter ist kein Problem, sondern Ihr Erfahrungsvorsprung. Mag Ihr junger Vorgesetzter auch noch so kompetent sein, angesichts Ihres Alters fühlt er sich wahrscheinlich wie ein Schuljunge. Dazu müssen Sie gar nichts tun, das ist einfach so. Ziel ist es also in erster Linie, solche Vorbehalte zu entkräften und zu versuchen, ihn bzw. sie für sich zu gewinnen.

Bestätigung zu geben hilft dabei. Natürlich erwartet niemand, dass Sie ihm bei jeder Gelegenheit den Rücken stärken. Doch: Wo er Recht hat und Sie der gleichen Meinung sind, dürfen Sie das auch sagen. Nur übertreiben darf man es auch nicht, sonst sieht es wie Anbiederung aus.

Interesse zu zeigen hat einen ähnlich positiven Effekt. Interesse bekundet man beispielsweise dadurch, dass man aufmerksam zuhört. Viele Chefs schätzen Mitarbeiter, die auch gut zuhören können. Wenn Sie jedoch andere Ansichten haben, tragen Sie diese immer wohlbegründet vor.

Rat suchen und Hilfe anbieten – beides öffnet Türen. Wann immer Sie einen Rat brauchen und der Chef gerade Zeit hat, fragen Sie ihn. Natürlich fühlt er sich einerseits geschmeichelt, andererseits suggeriert es ihm aber auch, dass Sie seine Kompetenz schätzen – und darauf kommt es jetzt an.

Ein guter Draht zum Chef ist die Basis für das Gelingen ihres Comebacks in die Arbeitswelt. Im Wesentlichen basiert ein gutes Verhältnis zum Vorgesetzten – gleich welchen Alters – auf vier Eckpfeilern:

1. *Loyalität:* Das bedeutet, Ihr Vorgesetzter muss sich auf Sie verlassen können, insbesondere auf Ihre Verschwiegenheit, Ihre Zuverlässigkeit und Ihre positive Einstellung zur Firma.
2. *Anerkennung:* Zeigen Sie Ihrem Chef, dass Sie ihn als Vorgesetzten akzeptieren. Auch wenn Sie ihn als Mensch nicht besonders mögen, als Vorgesetzter hat er einige bemerkenswerte Qualitäten oder besondere Fähigkeiten.
3. *Diplomatie:* Beweisen Sie Feingefühl und gute Manieren – mit Höflichkeit gegenüber Vorgesetzten kommt man weiter als mit offener Kritik.
4. *Kontakte:* Stellen Sie sich gut mit Mitarbeitern, die einen guten Draht zur Chefetage haben. Es gibt immer einen inneren Zirkel, die dem Vorgesetzten etwas näher stehen als andere. Dazu zu gehören ist die halbe Miete.

Natürlich ist alles nicht so ganz einfach, denn vielleicht waren Sie früher einmal in einer gehobenen Position, waren selbst Vorgesetzte oder Vorgesetzter und hatten Mitarbeiter, die auf Sie hören mussten. Da fällt es unter Umständen schwer, die Seiten zu wechseln und nunmehr »Befehlsempfänger« zu sein. Das macht Sie aber keineswegs kleiner oder schlechter, es ist nur einfach anders. Die Umstellung fällt manchmal schwer, und aus einem anderen Blickwinkel betrachtet fühlt man sich dann manchmal sogar schikaniert.

Aber nur in den wenigsten Fällen ist das wirklich so, vielmehr muss man lernen, die Weisungen »von oben« richtig zu verstehen und zu interpretieren. Fühlen Sie sich also nicht gleich angegriffen, wenn man Ihnen Anweisungen erteilt. Es braucht einfach Zeit, bis man sich an diese neue Situation gewöhnt hat. Scheuen Sie sich auch nicht, nachzufragen, wenn Sie etwas nicht verstanden haben. Das ist nicht peinlich, sondern dient lediglich dazu, Missverständnissen vorzubeugen.

Und: Junge Vorgesetzte sind, ebenso wie ältere Kollegen, nicht frei von Ressentiments. Nehmen Sie den anderen die Vorbehalte, indem Sie sich bemühen, eben nicht alles besser zu wissen und zu können. Schließlich wollen Sie ja schnell zum Team gehören und nicht auf ewig ein Außenseiter sein.

Fünf Regeln für den Umgang mit jungen Vorgesetzten

1. Seien Sie stets hilfsbereit und freundlich – so gewinnen Sie Sympathien.
2. Unterstützen Sie Ihren Vorgesetzten in seinen Entscheidungen. Auch er braucht Bestätigung.
3. Wenn Sie etwas besser wissen, dann sagen Sie es ihm nicht vor anderen, sondern bitten Sie um ein Gespräch, das Sie jedoch ganz sachlich und emotionslos führen sollten.
4. Zeigen Sie Ihrem Vorgesetzten, dass Sie eine loyale Mitarbeiterin bzw. ein loyaler Mitarbeiter sind.
5. Suchen Sie Kontakt zur Chefetage und lernen Sie Ihren Vorgesetzten besser kennen. Fragen Sie ihn um Rat und akzeptieren Sie seine Meinung.

Anmerkungen

1 Quelle: Rentenbericht (2006) – aktuell 2008 www.bundestag.de oder über www.deutsche-rentenversicherung.de, Zitat aus www.spiegelonline.de
2 Psychologie Heute – compact Nr. 10 »Das Glück der Lebensmitte«, S. 32 ff. »Beschäftigt sein – ein Leben lang« von Eva Tenzer
3 Eldermanstudie der Universität Münster und Heidelberg
4 www.vitaneedle.com oder www.zeit.de oder www.seniorweb.ch
5 Zitiert nach: Stefan Poppelreuter: Arbeitssucht: Massenphänomen oder Psychoexotik?
In: Politik und Zeitgeschichte, Band 1–2/2004, S. 8 f.
6 Zitiert nach: Psychologie Heute 12/08 S. 20 ff. »Übergänge: wenn die Zeit stillsteht« von Ursela Nuber
7 Nancy Schlossberg »Retire smart, retire happy« American Psychological Association, Washington 2004
8 Psychologie heute 3/2001 »Was treibt uns an?« von Andreas Huber (über die Studie von Steven Reiss)
9 Bertelsmann Medica, Meilensteine des Lebens, Bertelsmann Lexikon Verlag 2000, Bd. 2, S. 184
10 Psychologie Heute – compact Nr. 20, »Optimisten altern langsamer« S. 50 (Ostir, Ottenbacher & Markides, University of Texas und Hess, Hinson & Statham, University of Raleigh, North Carolina)
11 Psychologie Heute – compact Nr. 20, »Sieben Faktoren für ein langes Leben« S. 46 f. Vaillant-Studie der Harvard University
12 Drucksache 16/5461, Infos über www. arbeitsagentur.de
13 Förderprogramm »Kapital für Arbeit« www.kfw-mittelstandbank.de und www.bmbf.de
14 Zitiert nach: Psychologie Heute – compact Nr. 20, »Älter werden«, S. 32 ff. »Sich das Leben aufs Neue aneignen« von Anne-Ev Ustorf
15 Hennig Scherf, »Grau ist bunt«, 3. Aufl. Herder Verlag 2007
16 Interview des Deutschlandradios, aus Psychologie Heute – compact Nr. 20, »Älter werden«, S. 35 »Sich das Leben aufs Neue aneignen« von Anne-Ev Ustorf
17 Prof. Dr. Winfried Saup »Studienführer für Senioren« hrsg. Bundesministerium für Bildung und Forschung, Bonn 2001
18 www.deutsche-rentenversicherung.de

Adressen, die weiterhelfen

Renten & Finanzen im Alter

Hilfe finden Sie unter www.deutsche-rentenversicherung.de oder beim kostenlosen DRV-Service unter Telefon 08 00/10 00 48 00 (Mo–Do 7.30 bis 19.30 Uhr, Fr 7.30 bis 15.30 Uhr).

Informativ und gut zu lesen »Finanztest spezial« mit mehreren Kapiteln zum Thema »Steuererklärung für Rentner«.

Ratgeber »Senioren und Steuern« – zu bekommen über den **Bund der Steuerzahler**, Französische Straße 9–12, 10117 Berlin, Tel.: 0 30/2 59 39 60

Weiterhelfen kann auch der **Bundesverband der Lohnsteuerhilfevereine**, Kastanienallee 18, 14052 Berlin, Tel.: 0 30/30 10 86 10

Oder man wendet sich direkt an die **Deutsche Rentenversicherung**, Ruhrstraße 2, 10709 Berlin, Tel.: 08 00/10 00 48 00

Informationen zum Thema »Rentenversicherung in Deutschland und im Ausland« gibt es auch zum Nachlesen. Broschüren zu diesem Thema können Sie bei der Deutschen Rentenversicherung anfordern oder aus dem Internet unter www.deutsche-rentenversicherung.de downloaden.

Weblink zur Jobsuche

Diese regionale Jobbörse im Internet ist ideal, weil Stellenangebote sich individuell eingrenzen lassen. Zum einen nach den Berufsbezeichnungen und zum anderen durch die Entfernung zum eigenen Wohnort: www.meinestadt.de

Spezielle Arbeitsvermittler für Senioren, die ihre Dienste im Internet anbieten, sind immer dann mit Vorsicht zu genießen, wenn die Registrierung kostenpflichtig ist.

Informationen rund um Jobs im Alter und Engagement

ARBEIT und LEBEN - Arbeitskreis für die Bundesrepublik Deutschland e.V., Robertstr. 5a, 42107 Wuppertal, Tel: 02 02/9 74 04-0, www. arbeitundleben.de

Arbeitsgemeinschaft SPD 60 plus, Referat Seniorenpolitik/Demographischer Wandel, Wilhelmstr. 141, 10963 Berlin, Tel: 0 30/2 59 91-0, www. ag60plus.de

Bundesarbeitsgemeinschaft Seniorenbüros e.V. (BaS), Graurheindorfer Str. 79, 53111 Bonn, Tel: 02 28/61 40 74, www.seniorenbueros.org

EFI Deutschland e.V., Rathausplatz 1, 59759 Arnsberg, Tel: 0 29 31/9 63 81 04, www.efideutschland.de

Alte Hasen, c/o Wagnerwagner GmbH, Burkhardt+Weber-Straße 57,
72760 Reutlingen, Telefon: 0 71 21/56 67 78, www. alte-hasen.de

Viele wollen, viele müssen weiterarbeiten

Viele Menschen, die bald in Rente gehen oder bereits Rentner sind, sind auf Jobsuche. Weil sie weiterhin einer sinnvollen Beschäftigung nachgehen wollen. Oder weil sie ihre Rente aufstocken müssen.

Welche berufliche Tätigkeit passt zu dem neuen Lebensabschnitt? Aushilfe, Ehrenamt, befristet, Projekt bezogen, Teilzeit, Vollzeit. Was gibt es? Was kann ich? Was will ich? Was ist möglich – und wie gelange ich ans Ziel? Gertrud Teusen verbindet auf ihre bewährte Art psychologischen mit praktischem Rat zu konkreter Hilfe für Rentnerinnen und Rentner auf Jobsuche.

Gertrud Teusen ist Journalistin und hat Psychologie und Kommunikationswissenschaften studiert. Sie hat zahlreiche Bücher rund um die Themen Familie, Kind, Altern veröffentlicht. Im Kreuz Verlag ist zuletzt erschienen: «Höchste Zeit, darüber zu sprechen! 30 heikle Fragen, die Sie Ihren alten Eltern schon lange mal stellen wollten.»

www.kreuzverlag.de
Was Menschen bewegt

ISBN 978-3-7831-3280-9
€ [D] 14,95
€ [A] 15,40
9 783783 132809

KREUZ